ANTOLOGIA DE POESIA ESPAÑOLA
1984

LUIS T. GONZALEZ DEL VALLE
RAMON HERNANDEZ
ANGEL MARIA DE LERA
Editores

ANTOLOGIA
DE
POESIA ESPAÑOLA
1984

SOCIETY OF SPANISH AND SPANISH-AMERICAN STUDIES

ASOCIACION COLEGIAL DE ESCRITORES
DE
ESPAÑA

ISBN: 0-89295-036-6   -   84-499-7264-7   -   Depósito Legal: M.24811.1984

Gráficas Sánchez. Larra, 19. 28004 Madrid (España)

PROLOGO

Sirvan estas palabras preliminares para explicar qué motivó y qué es este libro.

Surge este tomo de varias conversaciones que tuvimos durante el verano de 1983 algunos directivos de la Asociación Colegial de Escritores de España y de la Society of Spanish and Spanish-American Studies. Entonces acordamos que se hiciese una convocatoria en *República de las Letras* para que aquellos poetas interesados pudiesen enviar hasta dos poemas inéditos para que fuese considerada su posible publicación en esta antología.

Dos han sido nuestros objetivos principales en la publicación de este volumen: primero, facilitar la difusión de la poesía española, ya que sabemos de las vicisitudes con las que se enfrentan muchos poetas cuando pretenden publicar sus composiciones, debido a las circunstancias económicas que lamentablemente rigen el mundo editorial; segundo, darle al público culto ciertas percepciones sobre las poéticas de un grupo de creadores españoles en 1984. A ellos nuestro agradecimiento por su colaboración en esta colección.

Los poemas han sido colocados en la antología siguiendo un orden alfabético en lo concerniente al apellido de sus autores. Tras la selección de poemas se publican breves notas bio-bibliográficas de los poetas aquí incluidos.

L. T. G. V., R. H. y A. M. L.

Junio de 1984.

Decía Constantin Cavafis:
«Doce y media,
cómo pasan las horas,
doce y media,
cómo pasan los años».

Cómo huyen, como pasan.
Se van alegremente,
volviéndonos la espalda.
Nos miran desde lejos
como si no importara,
como si ya no fueran
parte de nuestra alma.
Se alejan impasibles,
se van sin decir nada,
o diciéndonos algo
que ya se nos escapa:
un secreto mensaje
que el corazón no alcanza.
Disminuyen, ajenos,
borrachos de distancia,
dándonos esquinazo,
imperdonable trampa.
Se fueron, se marcharon
¿quién sabe dónde andan?
Los antiguos espejos
se han quedado sin alma
y cuando les pregunto
tiemblan igual que el agua,
tiemblan como mis ojos,
se asustan, se dilatan,
el azogue les huye
y el tiempo los empaña.

(de *Espejito, espejito...*)

ALBERTO
ALVAREZ DE CIENFUEGOS
TORRES

NAVIDAD CONSUMADA

Era noche propicia para el parto
de una luz
largamente presentida,
con silencio de nieve
en la inviolada
dimensión de la cumbre,
de la aurora,
y,
presente,
la voz anticipada,
con garganta de niño
—puede hombre—,
predestinado ya...

        Navidad consumada,
        dormida por la piedra,
        desprendida del viento,
        o
        del canto de un pájaro que vuelve
        sin que sepan sus alas
        el secreto...

Quizá estaba allí;
tal vez la Voz nacía así
—misterio, claridades de trigo y de amapola—,
el himno vertical de la madera
—remota todavía—,
y el calor animal de los rebaños
ocultos en los días,
largos,
interminables,
como la soledad de una virgen
desnuda
de miradas...

Amor es la palabra nítida,
feroz,
nacida allí,
sobre la hierba,
inventada a escondidas
del río y la colina...
Amor en el ojal del Verbo,
devorando
la pulpa humedecida
del corazón
que
en vano late
como un sol
empapado
de rocío...
            Y
            nace
            Navidad...
Retorno
y
vuelta a comenzar,
intentarlo
—diciembre es un mes sin difuntos—,
con el turrón del agua por los dedos,
y
el vino
—joven aún—,
que perfuma palabras
ignoradas...
            O
            simplemente eso:
            Campanillas de hielo,
            senderos amarillos,
            y una estrella
            grande
            como la palma de una mano asida al infinito,
            porque
            la Navidad
            no significa llanto por el tiempo perdido...

Natividad
de
un millón de Cristos
que nacen cada día
para nutrir ficheros,
sembrarse,
morir en una esquina
y
acabar
en
olvido...

Pero
la Navidad
vuelve,
está,

símbolo
de todo lo esperado,
de todo lo perdido,
igual que una bandera
desplegada
siglo
a
siglo,
esperando,
llamando,
gritando una canción
—puede prodigio—,
del hombre
—mañana Cristo—,
sin calle,
sin tumultos,
sin renovados,
sangrientos,
crucifijos...

Navidad consumada,
como el pan,
tan ayer, tan amigo...

Navidad...

Natividad del Hombre albor
        que llora,
        como un niño
        que juega a ser
                    camino,
        con las plantas heridas
        y
        el corazón
        transido...

Natividad por fin
—alguna vez altura—,
sin alambre de espino,
sin cárcavas al sueño,
sin alas de aluminio,
con la miel y la almendra
junto al labio propicio,
y
un talismán que abre
las puertas del exilio...

        Navidad consumada,
        sin trompetas de fuego en el oído,
        y,
        esa VOZ,
        la del trueno,
        esa palabra AMOR
        que,
        en esta hora,
        dejará de perderse
        en
            el
              vacío...

NEL
AMARO

«Sólo importa el amar, el conocer,/no el haber amado/no el haber conocido».

(P. P. Pasolini)

«Unicamente nos importa/el seguirnos conociendo,/el continuar amándonos,/y nada en absoluto/el haberles conocido,/el haberles amado/también a ellos/en alguna otra/parte y ocasión anterior».

14, 8, 83

N. A.

ALONDRA INEXPERTA

LAS HORAS, ESAS HORAS, LAS QUE VAN, NEGLIGENTEMENTE transcurriendo delante de mí, ojillos prematuramente atardecidos y tapiados con una especial argamasilla de soledad, escepticismo y una bilis hijastra predilecta de incontables excesos alcohólicos, instalado el puesto de mando y el observatorio del teatro operativo en la terraza de un café, en verano y a solas, haciendo, por hacer, crucigramas, ¡qué peores cosas podrían entretenerme!, y otras, también, de mayores beneficios y réditos económicos más altos y abundantes, y leyendo, distraídamente, aunque así y todo, ¿cómo evitar los pellizcos que a la vena aorta de la conciencia le tiran las noticias bélicas a gran escala y los simples sucesos, cotidianos y cuasi domésticos?, pues los diarios ni se callan ni esconden aconteceres por macabros que puedan resultarle al lector, trajeron puntuales un desfile de Ladys Godivas, águilas reales con las garras esmaltadas de rojo ardiente y flameantes miradas, a lomos de aerodinámicas y potentes motocicletas, que despertaron, circulando a gran velocidad por el bulevar, la máxima atención de los viandantes, inermes y minúsculos semovientes al sol.

La testa, pelambrera alborotada, canas primerizas y calveros numerosos, a la sombra de un toldo colorido, sorbiendo los helados y negruzcos restos de un brebaje, depositados en el fondo de un pocillo y apurando la copa de ajenjo, las manos doblando, cuidadosamente, el periódico y embolsándome las garabateadas cuartillas, con el estampillado de un lujosísimo hotel que no frecuento; quitando y volviendo a colocar en su sitio los lentes y haciendo uso de la pipa, las horas, esas pegajosas y cretinas horas, mucho mejor para verlas lejanas, ya idas y bien sepultadas, a ser posible el tal deseo, y recordarlas, al pie de una chisporroteante lumbre de leños resecos, en un invierno pródigo en nieves, quietos, ubicando a la ex-colonia francesa del Chad en un atlas de escolares desventuras y rebuscando palabras para componer unos versos, ¿asonantes?, íbanme pasando, marcialmente y de a cuatro en fondo. hasta que, a bordo de una berlina, parsimoniosa cruzaste la plaza, alondra inexperta, cayendo fulminada en la recalentada acera y corriendo el peligro de ser aplastada por las suelas de los acharolados zapatos de los rufianes o atravesada por los puntiagudos tacones de las, disfrazadas de mademoiselles, meretrices, vite y no pude negarme a echar una ojeada a tu pecho, a tus pechos, capaces para amamantar al mundo y saciarle su sed y su hambre infantil, auscultando tu ritmo cardiaco, comprobando tus constantes vitales y hallar en tus ojos melíferos historias, que igual conviene no desentrañar, dejándolas estar ahí, sin traspasar la barrera, remansadas, dentro de las acequias correspondientes, presuponiendo que esto sucede y de semejante manera, por cuenta y razón de la desidia o de la casualidad o

¿de ambas? y que solamente restara el añadirle la enloqueciente experiencia de un coito anal y la lectura de «La casa encendida» de don Luis Rosales Camacho, entre tú y yo.

(del poemario inédito *Memorial de Tu piel*)

ADMITO Y LO CONFIESO, cuán desgarradora es la travesía de la noche, único tripulante y viajero de un lecho conyugal, camuflado de camastro cuartelero para la ocasión, con sus frígidas y melladas tenazas arrancándome la piel y extrayéndome, sin anestesias, los órganos vitales, tras atenazarme e inmovilizarme por completo sorpresivamente, bajo coacciones y amenazas contundentes de estrangulamiento, al mínimo movimiento en falso por mi parte, muy en un Sam Spade salido de un relato negro del ex-detective privado Dashiell Hammett y a la captura de otro halcón maltés, falso o auténtico, ¿qué puede importar más que la misma aventura?, del metal con el que aún hoy continúan forjándose algunos sueños, adjudicándose sin previas consultas, el papel de malvado y gordinflón ricachón, coleccionista de obras de arte, esforzándose por no renunciar a nada, por no ceder y entregarme sin protestas, sobrenadando en la sordidez de las pútridas aguas del mar de las horas, olas de tres metros y temperaturas de quince grados, terribles y poderosísimas, por seguras de sí mismas, poniendo frontera infranqueable, cuanto más intento el acercamiento, mayor es la distancia impuesta, entre mis obsesiones y tus pesadillas, ¿no es cierto?, con sus escuadrones de pajarracos rapaces dispuestos a entrar en combate, al primer indicio de flaqueza, a la bayoneta calada, paseo por el insignificante espacio, el que los poemas sáficos y los románticos, ya casi en semejantes proporciones, los libros, de autores ajenos, Takuboku, Onetti, Eduardo Tijeras y Tolstoi, al que ciertamente he de prestarle la debida atención en un no lejano futuro, Truman Capote, Alfonso Costafreda, Faulkner, Quevedo y Gonzalo

14

Suárez, por citar los que de inmediato consiente en rescatar la memoria y muebles, inútiles objetos y estanterías, me prestan en precario, ojeando recortes de periódicos a la recuperación del nombre propio, en aquel recital poético, en aquella presentación; bebiendo y bebiendo, agua fresca con anís dulce puesta a hacerse, con veneración, en el botijo talaverano y, por cuarta ¿o quinta? vez, lustrando los zapatos, reparo en la guía telefónica consultando nombres y domicilios presuntamente amigos, hasta mentalmente prometerme, A): enfrentarme con el compromiso de redactar una novela,

B): no dejando para mañana lo que hoy pueda escribir,

C): y enclaustrándome, aquí mismo en este reducto, a falta de severísimo aposento religioso, de cabaña, con leños chisporroteantes en la chimenea, montañera, de bungalow costero, de apartamento ciudadano confortable,

D): abandonarlo, solamente con los folios bajo el brazo y las peripecias literarias de Eduardo Cerezales, su personaje, principal,

E): conclusas y vistas para tu ecuánime sentencia,

F): u olvidarlo, olvidarme y olvidarte, saliendo apresuradamente de incógnito hacia un lugar no seleccionado de antemano y de localización imposible, en el supuesto de que intentaras la persecución,

G): (y por favor, escenas de melodrama no, no vas a enternecerme con tus lágrimas aullando, ni añadiendo el recurso, ¿fácil recurso?, de las niñas).

Trasladando el paisaje turonés, pinturas al óleo de J. L. Varela o de su alter ego, Vincent Van Gogh, de una a otra pared, abriendo la ventana, asomándome y rebuscando, entre nubarrones guardianes, a la luna confidente, con pretensiones de hacer trampa y convencerme, «paciencia, es como siempre, nada sucedera», durando el engaño tan sólo lo que la frase ha durado, y cuando la boca ya reseca me sabe a ciervo, a rastrojera, a sangre de gleba crujiendo bajo soles de injusticia, y escasea el oloroso Prince Albert, especial para pipa, quiere amanecer, un frente frío, dando lugar a nubosidad abundante y chubascos, admito y lo confieso, que en estas horas nocturnas están mis penitencias y que en este cuarto, ¿lo recuerdas nítidamente?, hallo mi merecido purgatorio.

(del poemario inédito *Memorial de Tu piel*)

JOAQUIN ARNAIZ

TAMBIEN LOS CONSULES OLVIDAN ROMA

(Vid. hecho sucedido al atravesar el río Limia
las legiones de Décimo Junio Bruto.
Textos en Apiano y Estrabón.)

Soy un cónsul que lejos de la Ciudad
y al frente de las legiones recuerda
nuestros antepasados y su gloria.
Apenas ayer, vírgenes de mantos blancos
nos arrojaban rosas y coronas de laurel,
y el olor de los pétalos rotos
aún era como un incendio en las calles últimas
que veían nuestro paso hacia el triunfo.
Hemos vencido pueblos extraños que no conocíamos,
y ahora tenemos platos de oro y copas de plata,
espadas que atraviesan firmes los escudos,
y en las tiendas, al anochecer,
agotamos el vino hasta que llega la mañana.
Pero nuestra marcha no termina nunca,
y las victorias nos llevan a los límites de la tierra,
allí donde hay un río que nadie atraviesa
sin olvidar su casa, sus amigos, los días de la infancia
y hasta el fin de su mismo viaje.
Y hoy todo el ejército está detenido,
los caballos quietos en la orilla,
y los soldados esperando la orden de volver, ...
como si yo no levantara los brazos
y así, invocando, avanzara hacia el agua.
Y ya no sé cuál es mi destino,
ni qué hombres me acompañan,
y si alguna vez existió una ciudad
llamada Roma.

K. MARX ESCRIBE UNA NOVELA HUMORISTICA
A LOS DIECIOCHO AÑOS

Es de noche y acaba de terminar la representación
del Don Juan de Molière.
A la salida del teatro tú vas paseando
por una calle solitaria,
y allí te detienen, Meyerhold,
para después llevarte a la Lubyanka,
prisión del Estado.
Es 1939 y Moscú.

Ahora la policía política está en tu casa
y te destruye los recuerdos,
las fotografías, los carteles, los programas.
Tu mujer les dice que no rompan tu diario
pero ellos conocen sus órdenes
y hoja tras hoja todo es destruido,
y también tus libros dedicados por los viejos compañeros
Chejov, Mayakovsky, Yesenin,
y también Gorki.
Cuanto tú llegues verás los cuadros rotos,
el techo abierto, las lámparas, las sillas.
Sólo un sofá está sin destrozar
y sobre él, tu mujer,
con una bala en la frente, muerta.

¿Por qué habías de salvarte tú
si tampoco el comisario Beria
conoce la novela que escribió Marx
a los dieciocho años?

ENRIQUE
BADOSA

MIENTRAS TU QUIERAS

UN 26 de amor y de noviembre,
un día señalado entre las flores,
y en la hora en que el vino abre sus pétalos
para mejor saber de ti y de mí.
Fue un 26 de luz y de palabras
de al fin llegar, decir lo que nos pasa.
La respuesta cabía entre tus manos
porque son de amistad y libertad.
Manos de bien que saben decir tú...,
y que me dan mi nombre cuando clavas
tu sangre de placer sobre mi espalda
y toda tu belleza en nuestro abrazo,
y con labios de no poder hablar
yo persisto en tu boca y en tus pechos,
en toda el agua viva de tu piel
donde también recojo, amor, amor...,
el placer de tu sangre con la mía.
Yo con tu misma sed, noche contigo,
yo, tan libre contigo, voy contigo
en el amor de un día 26,
noviembre y buen amor, mientras tú quieras.

EN UN MAR VERTICAL DE DUCHA TIBIA

EN un mar vertical de ducha tibia,
entre jabón lascivo y candoroso,
te modelas sapiente de belleza,
ríes, te reconoces, te renaces,
vuelves a la caricia,
dejas definitivos de deseo
tus hombros en mis manos,
tus pechos en mis manos, tus caderas,
mármol de lluvia busca tu escultura,
el agua tiene tu sabor, lo bebo
en la penumbra rosa de tu piel,
goza el agua de tu gesto, lo recorro
por todo ese placer de tu desnudo,
tiene el agua tu forma, tu avidez,
tu cabello, tu rostro, lo limpio de tus ojos,
y contigo me envuelvo con la lluvia
del mar que nos inclina
otra vez sobre sábanas calientes
tejidas en el agua.

TERESA
BARBERO

No vino nunca a ver este campo fructífero.
Se quedó detenido al borde de la vida.
rechazando las luces de los atardeceres,
el esplendor de las noches estrelladas,
el rosado equilibrio de todas las auroras.

Con él se detuvieron también las ninfas presagiadas
—un friso de muchachas esbeltas, conversando
con desparpajo, locas de vanidad—;
ausente, les negó la sonrisa de sus labios helados.

Sólo las concibió para su propio orgullo.
Después, desdibujando sus contornos opacos,
las disolvió en el tiempo.

Cerró la puerta y se acostó.
Detrás de las maderas de la ventana
el campo detenido en sus colores
se fue apagando a lentos manotazos de niebla

(del libro inédito
En las manos de Albertina)

21

CONJURO

¡en ciernes,
heliotropo!

¡a dentelladas,
alma!

verbo vivo incendiándose
de su propio silencio

lóbrego calabozo
de los sentidos: ¡aire!

despacio
en lo callado
un germinar profundo

¡a tientas,
profecía!

lo soñado es lo intacto

ORFANDAD

¡desova,
brisa lóbrega!
¡ven, calandria del lodo!

escrito está:
un hedor transparente
un puercoespín de espuma
desvélase
amotínase
va un dios geliabrasado
del pío a la mortaja
precipitándose

¡oh triste
oh ay de mí!
cuando caes madre-luz
de tu ser a tu vértigo
cuando te desalientas boca a boca
cuando ya nadie nada nunca no...

23

ELADIO CABAÑERO

MEDITACION, RETAHILA Y CONJURO

«Lentos como inmortales»

Félix Grande

El que da su palabra y su racimo
y ama mucho la luz y el agua clara,
si rebina en voz alta, de repente
nota que hasta las piedras le sonríen.

El que canta flamenco por Beethoven
y mueve el corazón como un molino
de viento, de repente es pan antiguo,
pan español del siglo diecisiete

El que quiere apoyarse y no halla dónde,
el que busca y demanda y no halla ayuda,
desde su soledad tiene derecho
a abrir un surco, ser su propia espiga.

El que pega la gorra en la desgracia
y anda toda la noche sin ver día
ni estrellas, ni algún ovni, su cabeza
reposará en el sol ardiendo siempre.

Pero el que está cerrado y no contesta,
el que atranca la puerta de su casa
con una cruz, su alma da a la usura,
su corazón al perro de la muerte.

Y aquel que insulta al Rey, aquel que roba
España, y mata España, y vende España:
sepa que es imposible, que está muerto,
sepa que no ama a nadie y que no importa.

24

MARIA DOLORES
DE LA CAMARA

Es historia ya larga;
interminable; fría,
parabólica y dura;
de sonidos metálicos;
de dicción ahuecada,
matafórica; vacía.
Su pasar es siempre,
sobre el soplo sensible,
indiferente y rápida
cual nube en primavera.
Todo es pose;
hipócrita dulzura
que regalas tú, hombre, al hombre.
Hora es ya
de que despiertes del letargo
y subas veloz hacia la espuma
de esa nube de albo que te aguarda:
Amor, amor para el hermano.
Amor sin peso,
sin tregua, sin moneda.
Amor sin membretes;
sin reverencias.
Amor por simplemente darlo.
Amor sin burocracia;
sin dedos enjoyados;
sin título ni emblemas.
Amor sencillo, ingenuo, casi niño;
cantarín como cascada enmarañada;
amor gigante cual universo
que cubra a todo habitante de la tierra.
Amor en torrentera, dominante;

batalla ecuménica de amores;
eso es lo que te está gritando el cosmos
por los corpúsculos de su materia
Y a ti, hombre,
tu psiquis te va diciendo «Amor»
en cada instante de tu absurda existencia.

* * *

Levantaré mi vela al viento
dirigiendo mi proa a las estrellas;
al Sur, amor; al Este, paz;
serenidad al Poniente.
Desechadas las olas cenagosas;
brechas oscuras olvidadas al destierro.
Sola; mi mar y yo,
saturando mi pecho de horas blancas
en este castillo gigante de mi tiempo anhelado.
Mientras,
las ecuaciones seguirán implantando
su irremisible solución lógica
y sus mares continuarán destruyendo los peces y las algas.
En los espacios gamma
los labios desdentados de sonrisa
incrustarán de oscuro la arena de las playas.
La suma de gritos y estridencias
se unirá al pulular de vértigo y espera.

PROFANACION

Tenía una víscera blanca hermosísima
que se parecía a las piedras rodadas
desde un gredos a la llanura de mi jerte.
Ni forma de paloma especial
ni flojera del diseño en su mirada.
Era como las aves del volar sentir
cuando su pecho sólo quieren plumas
que no ocultan nada.

(Amor
también los cuerpos viven
en el duelo del tiempo
que lo recuerda todo sin profecía)
Pero he aquí que un día vulgar del mundo
igual que la espada entra por dejar su herrumbre
en el pecho limpio de unos ojos
se hizo la herida de pedernal crispado
hasta elevarse en la contienda
de un dolor inmenso.

(Amor
sólo había papeles y frutas en mi casa
y un flexo que me dicta abrazar la aurora
del poema amado no escrito por mis manos
para alimentar la sombra de la creación
que anhelo)

Zancadas oscuras estaban vigilando al ser elegido.
Palabrotas negras azuzadas por el viento
iban a macerar el pequeño cuerpo antes de tocarlo
Una sofocación austera y blanca
seguía tranquila a flor de su conciencia
mientras la espada revolvía el lecho
de las aguas para sangrarlas vivas.

(Amor
dormía yo en la claridad de la noche
sin saber lo que ocurría al borde de un río.
Sueño del corazón abierto a sus esquinas
de la inocencia o del diario sentir)

La jara fue testigo único de la profanación.
Esa antigua amiga de oración universal por los caminos
que han rodado desde mi madre a la huerta
siguiendo el hilo de la vida al fruto
que desemboca en la vega donde el río existe.

(Amor
la mesita junto al lecho
estaba adornada con un plato de uvas
pues es noviembre y en la madrugada
el frío construye su defensa en la calma
pero más si la boca ha tomado su soledad
de esfera agradecida al dulce)

Chorreaba mezquindad en el campo oscuro
Sufrías contra el romance de la daga feísima
que buscaba matarte o saltar de tu presencia
Y era que mis brazos estaban lejos
en la otra transparencia de la noche
que sigue el rumbo de los lobos tranquilos.

(Amor
y no podía hacer nada mi substancia por ti
ni apagar la luz sabiendo que existías
por encima de todos los cantos rodados
de nuestro siglo que acciona hierros)

Fue cuando saliste por mis ojos del agua
milagrosamente
haciendo frente al animal de espada.
En mi lugar aparecieron los barbos somnolientos
y los musgos y ese matorral de jaras a protejerte.
El revuelo de almas mías
alborotaron tanto lo sangriento de la noche
que el filo volvió a su vaina
dejando en paz a tu único ser
en la humedad de mi beso.

JOSE LUIS
CANO

DULCE TUMBA

Junto a la orilla de este mar quisiera
a la sombra morir de su hermosura,
entreabiertos los labios, y esta dura
melancolía hiriendo el sol de fuera.

Como otro pino más de la ribera
quisiera allí soñar. Allí mi impura
sangre desnudará su rama oscura
y allí la tendrá el aire prisionera.

A flor de arena el cuerpo amortecido,
allí el vívido azul de la bahía
hermoseará su sombra y su latido.

Y el eco oiré, cual una melodía,
de unos pies al pasar, ya en dulce olvido
de tu hermosura, oh playa triste y mía.

LA BELLEZA

Esta armonía increíble
de mar y cielo puros,
de piel ligera y aire acariciante
bajo la clara luz de la mañana,
¿es cifra acaso
de otra armonía más honda,
raíz oculta y viva del universo?
¿O misteriosa herencia milenaria
de otros lejanos mundos ya perdidos,
don olvidado, eterno,
de un dios que ya no existe,
que acaso quiso hacerse tierra y hombre,
fundirse con la luz por su mano creada?

Nada sabes. Contempla, pues, y vive
esta belleza sola, puro sueño en el tiempo,
lento olvido lejano de un dios que así perdura.

CARMEN
CONDE

I

SE que esta porción de tierra que mis manos
estrujan al asirla, fue formada
por huesos de los seres que no existen.

Vivieron como yo, no indemnes, y gozaron
como yo con lo creado sobre tierra que aún
no los contenían ni me contienen.

Busco captar el habla de los granos de esta tierra,
sobre ella me extiendo a que al oído
tibiamente se adhieran sus palabras.

Anhelo que responda a lo que pienso, cerrando
hambrientos los mis ojos de cada día ver más:
¿contesta o le contesta alborotado pecho
y la respuesta voraz pregunta avariciosa es...?

El Caos no se interpreta ni de su masa surge
ardiente espada-luz en la mano del arcángel.

Mínima parte de tierra la partícula en suspenso
destaca su parpadeo en el hueco de mi mano:
tal el sonido disuelto de remotas voces idas.

Contemplándola sujeta por estremecidos dedos
hasta parece que sangra tímidamente roja,
desprendiéndose del haz de planeta atormentado.

En dolorosa ternura mis entrañas se concentran
y se adivinan mañana cosecha ya de sumandos
que persistirán trocados en suelo que todos pisan.

Y aprietan los dedos más esta hermética simiente
que vivirá en las criaturas y perecerá con ellas,
aumentándole a los huertos fermentos de vida nuevas.

Presentida la palabra de este puñado de tierra
que su futuro asegura al mortal, se encuentra el ánima
consecuente en el saberse firme eslabón de lo eterno.

II

«EL que es de la Tierra es terreno
y como terreno habla.
Lo nacido de la carne, carne es,
y lo nacido de espíritu.»(.)

Tal reconocemos cuando el ánima
se esfuerza en alcanzar otros niveles
con ansia mantenida de la gracia.

«El viento sopla donde quiere, y oyes su ruido,
pero no sabes de donde viene
y adónde va...
Así es lo nacido del Espíritu». (..)

Y se pregunta el que oye, si no entiende:

«Y... ¿cómo puede un hombre nacer, siendo viejo;
puede, acaso, entrar
en el vientre de su madre
y nacer?» (...)

Nunca así; mas la esperanza, empero,
madre es a la que se reintegra
quien consigo la lleva.
lo terreno es terrenal compacto
hasta dentro de las palabras,
cuando ir al Espiritu desean.

Fragor que no interrumpe la marea
de encrespados sentidos, el pensamiento
de aferrarse a la tierra tan amada.

Cuando más se la sabe enardecida
por sujetarnos, se acrecienta
el viento que sopla donde quiere.

Vida otorgada y recibida entregándole
próspera andadura que posea
cuanto ofrecen los sueños..., ¿no es entonces
una madre la muerte, disfrazada
de esperanza acezante cada día?

No renuncia el mortal a su terreno
cuerpo fugitivo y comprende
que acrecienta lo de espíritu nacido.
Por ello su bregar cuando oye el viento
y quiere conocer de dónde viene.
Sabe adónde va y a la esperanza otorga
valor de sabiduría.

Acercándonos al árbol él nos vierte
lluvias clamorosas de sus pájaros.
Se nos ajan en las manos con las rosas
que en olor y hermosura entregaron
eternal existencia vulnerable.

Van los ojos al río pues sedientos
del perenne fluir; al viento sabe
y lo oye el mortal: vienen sus fuentes
del pozo inacabable que es la Tierrra.
No retornan a él que se disuelven
en las bocas augustas de las mares.

Todo es ir y tornar en otros seres:
pájaro, flor, arena... El Espíritu
invadiendo va todo y lo terreno
consentida expresión suya es.

Pregunta el hombre: «... Y siendo viejo,
¿puede, acaso, entrar el hombre
en el vientre de su madre y nacer...?»

Salir y entrar perpetuamente
de una madre a otra que no muere.

S. Juan. 3, 6 y 8.
Ib. 3-4.

DENTRO de la mano una palabra
que el mundo encierra.
Palabra hecha carne se revuelve
igual que un ave, pide
la libertad de su vuelo
para realizarse.

Con ternura se oprime
y blando aletear inquieto
expande un vívido halo
que a la mano rodea.

Qué quisiera palabra temblorosa
por desbordarte inmensa
¡el que te tiene y vacila
por emplearle límpida!

Casi todo lo fuiste: barroca
al amor cantándole.
Ronca al acusar el duelo
y para la repulsa, áspera.

Te empeñarías ahora
en deslindar universos,
ambicionando el único
a que aspira se sueña.

Temo abandonarte, suelta,
y tu camino no encuentres...
Por ello la dulce opresión
contra el poder que ansías.

Quédate esperando humildemente
el momento único...
Tácito escaparse a lo infinito
con la mano que te aprisiona.

VICTOR
CORCOBA HERRERO

ESTA PORCION DE LUZ QUE ME DA VIDA

Esta porción de luz que me da vida
no ha de apagarla mis cinco dedos,
ni es la trompa negra de mi cuerpo
la única masa de eclipses día.

No son el alba y el atardecer
de mis ojos, luna de vida y muerte.
Hay amor, que no es mi solo amor,
en el vital centro del corazón.

No soy el dígito del cero al diez.
No todo el veneno está en mi cuerpo.
No todo mi dolor nace en mi herida.

Se nace, se camina, se muere.
No existe el cero absoluto.
Y soy yo, y no lo soy, y somos todos.

ENRIQUE DOMINGUEZ MILLAN

EL MAR Y YO

> «Un poeta de las nubes y las olas
> duerme en mí.»
>
> ODYSSEAS ELYTIS

Llevo el mar en la sangre. Me rezuma
De sus salinidades estoy hecho.
Tengo en la boca
un amargo sabor a sal y brea.
Algas entrecruzadas
forman la trabazón de mis tejidos
y mis cabellos son algas flotantes
asidas al escarpe de mi frente

Llevo el mar en los ojos:
un mar gris que se asoma a mis pupilas
casi inerte, aunque a veces
se enciende con la chispa del relámpago
y en tormentas estalla;
un mar que se me vierte en ocasiones
y pone en mis mejillas
la salobre presencia de las lágrimas.

Mi calavera es una caracola
que Dios le robó al mar.
En su oscuro interior el mar se mueve
y su inquietud me llena los adentros
de un rumor que no cesa,
de un mensaje de siglos y de aguas.

El mar está en mis huesos:
está oculto en las sales minerales
de ese blanco coral que me sostiene
y en el escalofrío
que recorre mi médula
cuando me asomo al mar o lo presiento.

Llevo conmigo al mar. El mar me empapa.
Donde yo estoy, el mar está presente.
De mar son mis susurros y mis gritos,
mi palabra y mi verso.

Sé que vengo del mar, de un mar-origen,
útero planetario de la vida,
y que del mar me llega
una tenaz llamada
a la que habré de responder sin falta
un día tal vez próximo.

Sé que el mar es mi cuna y mi destino.
Soy poeta del mar: suyo es mi canto.
Todo yo soy de mar: suya es mi esencia.
Cuando llegue la hora
de abandonar el ser y ser de olvido,
quiero volver al mar lo que de él llevo.
Hacia el mar marcharé sin una queja.
En su lecho de espumas
acostaré mi sueño y mi fatiga.
Bien abiertos los ojos,
bien abiertos los brazos,
a las nubes diré mi adiós postrero.
Y me hundiré en el mar,
serenamente.

(de *Sinfonía Marítima*)

LA SONRISA PERDIDA

Una mujer en la calle y
un villancico en abril.

Y te hallabas allí,
en zona propia,
aunque fuera de todos la andadura.
Vertical y vencida; como torre
que añora sus campanas suicidadas
y presagia el derrumbe.

Magnífica y rebelde, en un naufragio
tenaz e inexorable,
te conformabas a la negra noche
como el labio y el beso,
como agua en tenaja.
Pero entonces...

¿Por qué el dardo que, violador de sombras,
—fingiéndose alarido—
fue como grito de mujer herida,
de chacal preso o mundo que se acaba?
y ¿por qué tu ofrendar insospechado
de un dulce villancico a las tinieblas?

Sin transición, la risa delirante
en la boca de imposible sonrisa.

Un amargo silencio; y la burla
de la gente «conspícua»,
porque la torre cede en un gemido
y se doblega, lenta, en su desplome.
Porque agoniza, se te muere el alma
y te abate el augurio.

Nadie entiende:
Mañana, al ir a misa, buscarán
a quien comunicar la peripecia
y se harán siete cruces.

Escayólate el alma; ponle yesos
y vuelve a tu tonada.
No te inquiete que, estando en primavera,
vuelen tus villancicos;
que no es cuestión de hora ni de fecha.
Tal vez suban tan altos, tan precisos,
que retorne a tus labios
la sonrisa perdida.

EN LIBERTAD

Cruza el umbral sin prisa, con despacio;
unos pasos; se traga el horizonte.
Su mirar acaricia monte a monte.
Abre su pecho suspirando espacio.

Sus pupilas se tornan de topacio
al tener con el cielo azul afronte.
Después, descienden lentas al desmonte
y en él deja caer su cuerpo lacio.

Se palpa las muñecas; se resiente.
Se sueña en la ciudad, en el asfalto
y... se siente perdido, insuficiente.

La voz de la ciudad corre al asalto.
Le sentencia de nuevo; sin sonrojo
« ¡Despojo fuiste ayer... serás despojo! ».

JOSE
GARCIA NIETO

DOS SONETOS ANTE EL MAR

LA TORMENTA

Caen sin cesar las flechas encendidas
en el pecho del mar, tendido, inerte,
y no es el cielo al guerrear más fuerte
que este mar que recibe las heridas.

Todas las fortalezas son hundidas;
el fuego en resplandores se convierte,
deshaciendo las nubes, de tal suerte
que son las agresoras las vencidas.

¡Cuántas veces la luz del amor mío
ha golpeado el mar de un pecho frío
y ha vuelto derrotado del empeño!

Noches con ambición de madrugada,
rayos del sueño hundidos en la nada,
nadas venidas del temblor de un sueño.

CASI EN LA NOCHE

Han pasado las olas una a una,
lo mismo que mi sangre, paso a paso,
y me he visto desnudo en el ocaso
bajo la luz quebrada de la luna.

Mientras tu cuerpo se agiganta y brilla
pongo mis dedos graves en la arena
y siento que me duelo en la condena
de ser hombre sin más: barro en la orilla.

Barro que se creyó una madrugada
forma altiva, materia enamorada,
criatura de luz, mensaje vivo;

barro que hacia su barro vuelve ahora,
cuando tú le repites: «Ya es la hora;
apresúrate, acaba». Y yo lo escribo.

RAMON
DE GARCIASOL

TAMBIEN YO SE QUIEN SOY

YO no sé si soy algo, pero aspiro a ser alguien
entre los hombres que trabajen
por la luz, por el aire
sagrado, por la sangre
o noble vino, por el cante
de martillos en yunque, dale y dale
a la esperanza, que se bate
con buen coraje
el hierro frío de tanto cobarde
o sin glóbulos rojos que se abate
ante
el índice del sable
o del miedo estofado en los altares
donde ya nadie
ni nada respetable.
Dios anda en los trigales,
en el verbo de los poetas, ángeles
vestidos de diario, en las madres
con un hijo en los brazos, los cantares
de los niños que juegan iniciales
y preguntan al padre
por los enigmas y nos traen
la libertad de volver al comienzo y las edades
en que no había muerte, tuyo y mío, memoriales
de agravios rezumantes
de gritos en la hoguera, los enjambres
con las heridas más inconfesables.

43

FLOR DE MANZANO

ESTE puñado de olor
blanco y rojo de la flor
del manzano,
trae recordado ayer,
encaje de mi querer
a la mano,
un rubio aromo de miel
que me sahúma la piel
donde grano
el pensamiento solar,
tierra y son de mi cantar
cotidiano,
hermanada pulsación
de tiempo y de corazón
y gusano
en ola que viene a dar
con su límite de mar
océano,
el beso de la mujer
y luces que me hacen ver
que no en vano
lucho por eternizar
un poco el vivo pasar
que me gano.

Abejas en el alcor,
primavera del amor
tan ufano,
acunada maravilla,
sosiego de la Castilla
de que mano.

Está repicando a muerto
sobre la quietud del huerto
un campano
que exalta más el olor
trasminado de la flor
del manzano.

ANGELINA GATELL

CANTO DE AMOR

Mentre m'envelleixo en el llarg esforç
de passar la rella damunt els records
he mirat aquesta terra,
he mirat aquesta terra.

SALVADOR ESPRIU

He vuelto a mi ciudad.
Como quien sueña he vuelto y he mirado
su cielo descendido
casi con humildad, sobre las cosas.

Rodeados de su luz mis ojos se han abierto
para acoger la absorta belleza del otoño
ahora, que con lenta mano,
va dejando su oro en los jardines
mientras el sol,
muy delicadamente,
reclina
su desvaída cabellera
sobre el pecho del aire
y en el agua tranquila de las fuentes
donde sigue sonando,
allá, en el fondo,
entre prados de musgo,
el rumor de mi infancia.

Mis ojos se han abierto y han mirado
las calles, tan hermosas
en su perpetuo y doloroso sueño
de perderse en el mar,
oh, multitud de brazos
que la ciudad impulsa hacia la gracia
de esa efímera blonda

que a cada instante acude a sus orillas
y es presencia y recuerdo
de un esplendor lejano que perdura
en los viejos tapices de la historia.

Y he mirado las piedras
que recogen los días y los guardan
en su rugosidad tan amorosa,
porque en ellos se encierra la razón de los actos
y son meollo y canto con que el pueblo
renueva su desdicha.

Y he mirado los rostros antiguos de mi gente,
el caudal silencioso que los cruza
con hondura y reposo,
nunca con mansedumbre,
oh, engañosa serenidad
del agua en cuyo reino habita
y aova
desde siglos, la ira.

Y he mirado sus manos
que trituraron rocas
para plantar el trigo y el aceite
y hacer saltar el vino y sus estrellas
hacia la claridad del infinito,
o empuñaron las hoces,
las centelleantes
medias lunas de acero,
arcos iris de furia
que de lo más profundo de la noche emergieron
rubricando con rojo trazo
un largo sueño
de libertad.

He mirado las manos donde duerme y sosiega
la antigua lava
de todos los volcanes que entre la niebla ocultan
sus apagadas bocas,
llagas en otros días
sobre la piel, bella y adusta,
de mi altiva montaña.

He mirado esas manos y he sentido
toda su luz cayéndome en el pecho,
oh, palmas, oh, jardines donde
abrió sus alas
la rosa solidaria,
tan largamente desdeñada y herida.

—o—o—o—

Con lento caminar. Con frío.
Atrapado el corazón por la amorosa sombra
que en la ventana de mi soledad golpea,
voy recorriendo la ciudad,
su música,
su tiempo...

Calles y plazas con su luz indecisa
parecen devolverme
algo que ya fue mío...
Se abren
en repentina entrega las ramas de los plátanos
y allá, en las altas
cornisas,
o desde
la perennidad de las estatuas,
me miran soñolientas las palomas.

Con lento caminar piso la tarde
que con amor despliega
bajo mis pies la pálida alcatifa
de sus violetas últimas...
Siento como discurre hondísima la savia
de mis raíces,
sustento todavía de mi paso.

Y pienso que sería hermoso
y tal vez necesario,
quedarme aquí para esperar la noche,
mientras allá, en su cima, las estrellas
se fueran encendiendo una a una
y todo en mí se fundiera con la tierra y el aire
frente a este mar que un día
me entregó mi legado.

FELIX
GRANDE

Viértese nuestra edad por grandes caños
suavísimos de amor y desconsuelo
y entre sonidos de piadoso chelo
las canas gimen y se van los años.

Mirando los quebrantos y los daños
que el tiempo hace en mi pelo y en tu pelo
me enamoro de nuevo y me conduelo
de unos celos fantásticos y extraños.

Celoso de mí mismo yo quisiera
parecerme a aquel chico, a aquella fiera
de quien te enamoraste aquel invierno.

Tan pendiente de ti, tan tuyo estaba
que ahora es el de verdad el que se acaba
y aquel inexistente ya es eterno.

ANTONIO HERNANDEZ

LA GUITARRA

Hablar de la guitarra
es hablar de una luna,
de un patio, de una sombra,
de una clara región
del Paraíso. Es quedarse
tranquilo y azulado,
mecido por el sueño,
patrón del poderío
del aroma, sonámbulo
sin prisa en la estación
de la calor dichosa,
un poco temporal
en una vaso de aire,
agua suave de orilla.
Pero también, hablar
de la guitarra, es viento,
manos desconsoladas,
hileras de caminos,
credenciales de ausencia,
personas tiritando,
dentelladas, respingos,
fechas de amor y miedo.

Una ladera virgen,
beatífica, blanca,
Y otra hirviendo, mordida.

La parte de la fe
que hay en la duda.
La parte de calor
que hay en la lágrima.

BAILA MARIO MAYA

Mario Maya. Su nombre ya da en siglos,
ya en primogenituras del tiempo de los hombres
vesperales. Dispone de carromatos, y panderos
o lunas achatadas, de los sones del Tártaro,
la marroquinería y el espíritu córdoba
Allí nació otra vez por vez primera
a este temblor de rama al arribo del pájaro.
Llega hasta las raíces del secreto. Al compás,
su raza donadora en él estampa y dice
que cualquier solución es un fracaso antiguo.

RAMON
HERNANDEZ

CRONICA DEL ALBA

Homenaje a Ramón J. Sender

GAVIOTAS como pétalos de flor lloviendo
al amanecer
creciendo el alba por un oriente apasionado
de difuminadas violetas
convertidas en palabras.

LLUEVE lejanía y viento
muévese el océano Pacífico como una respiración
eterna que también se acaba.

DETRAS de unas montañas viene el
sol
viene despacio
cojo
tambaleante
remiso como el que no quiere llegar nunca.

QUE no quiere el sol
su amigo
su dios
su lejanía
su nostalgia
su exilio
presenciar la ceremonia de verle muerto
convertido en cenizas que son polvo
de ayer
de hoy
de mañana
de siempre.

PAJAROS del alba cantan en las ramas de florecidos
almendros
aquí en la california que imita el colorido
la luz
los naranjales
los racimos de uva
la tierra de Aragón
la España virginal que le vio nacer.

PRIMAVERA imposible
cruel invierno
nefasto enero en que te fuiste
Ramón
amigo
compañero.

FRIA mañana y frío mar Pacífico
heladas están las almas de tus amigos ausentes
del amor que amaste desde niño
del polvo
del sudor y el hierro donde combatiste
la injusticia en la que injustos hombres
sumieron durante siglos a tu pueblo.

RAMON J. Sender
tú no has muerto para siempre
aunque te traigan sombras del amanecer en una arqueta
donde el alba trae tus cenizas.

NO amanece
esta alborozada está inmóvil
petrificada en el tiempo que no quiere que te vayas
a navegar eternamente por el agua.

NO llega el sol
tu sacerdote
que no quiere decirte su responso fúnebre
que no quiere decirte adiós tampoco el trino
del pájaro en las ramas y en el nido
donde tú
escritor español viviste
retirado en la ausencia del olvido

soñando el regresar a España y a sus gentes
clavado en tu literatura y en tus libros.

LA comitiva fúnebre ya llega
silentes
enlutados
tus amigos invisibles vienen
con un tesoro de ceniza universal e incendio
crematorio de corajes y destinos de estatua
tu rostro de hombre duro
inteligente
altivo.

NO quisiste ataúd
ni sepultura
ni sudarios
ni descomposiciones
ni enemigos gusanos
que te coman la nada que jamás fuiste

FUISTE el todo de la verdad desnuda
y ahí vienes
metido en un relicario de ceniza
global y digno hacia el Acuario inmenso
que fue tu signo.

VIENEN de luto en un cadillac gigante
no lloran
no hay lamentos
que tu hombría rechaza los gemidos
la plañidera oscura y embrujada
de un sepelio aborrecido.

TE traen en el regazo
como un niño dormido en el polvo gris de plata
el automóvil carroza se detiene
en la orilla el cortejo desciende
en la alborada inmóvil vienes.

ALGUIEN mira hacia el sol oculto
que se esconde
llueven muchedumbres de gaviotas

sus estridentes gritos amenzan a la muerte
que te quiso por sorpresa
cuando estabas sólo en tu casa
en tu destino de soledad y de abandono como un ídolo
de bronce como un mito
luminoso como un faro que ahora
en tu última morada
hará fosforescente el mar.

UNA canoa espera en marcha y allí te embarcas
consciente de tu último viaje
semilla literaria y trigo en grano
para sembrarte en el salobre piélago ambarino.

EL timonel orienta la nave al infinito
la estela se desplaza escribiendo tu nombre
sobre las aguas lápida.

TU lo quisiste
cuando muera que me quemen
que mis cenizas se esparzan por el océano
quiero ser la poesía de los peces
la resurrección de las escamas y navíos
el fuego fatuo de pescadores y transatlánticos.

LA comitiva en la canoa no habla
todos guardan silencio
su oración es el respeto que tu vida ejemplar
de lobo solitario se merece.

TODOS guardan silencio
pero te van cantando una jota de Aragón
tu patria.

LA guitarra suena
la costa se va alejando
la california naranjal que imita España
va quedando atrás.

LA coca cola ya no es nada
ni el dólar
ni el chesterfield
ni el whisky

54

ni la universidad donde enseñaste
que ser hombre es sentir la humanidad entera
encerrada en el zurrón de la palabra.

FUISTE arisco
rebelde
autoritario
pero tierno en tu soledad y en tu amargura
del que todo lo tuvo y todo lo perdió
como un hachazo
segador de tus mieses y amapolas.

NACISTE en Aragón
en Chalamera
Huesca provincial
campana degollada.

TU patria te dolía desde niño
presa en la tela de araña de la pobreza
la sequía sin agua.

EMIGRASTE a Madrid y en el Retiro
hiciste hotel de un banco solitario
donde dormiste como un aventurero
insomne
cavilando tu literatura en germen.

PERIODISTA de pura raza fuiste
jemINGUAY español de primera página
enemigo de Unamuno íntimo
de Valle Inclán enamorado
de Cervantes hermano
de don Quijote primo
de Séneca heredero
de la primera palabra desnuda y blanca.

ANARQUISTA te hicieron las batallas
del pan y la injusticia
que no tuvieron los corazones de tus
hermanos patria
a Marruecos te llevaron a embriagarte de batallas
de horror inútil en la estéril
guerra de Africa.

HOMBRES muertos
combates que esculpiste
perdidos siempre en tu siempre
primera novela enamorada.

IMAN fue el título de tu primer héroe
tu primera gestación tu parto
tu catarata de libros de palabras
de solapas de páginas de argumentos que llevaron
tu visión de España Universal tu virgen
jamás por violador violada.

MAS tarde las campanas
tocaron a rebato las fraticidas hazañas
de una guerra civil ensangretada
de hermanos muertos
de alambradas y obuses y metrallas
de horror y guadaña y bombardeos y
fusitamientos y desgracias.

TU mujer fue matada
el paredón se llevó tu amor tu enamorada
tus hijos huérfanos la Francia
que te acogió en tu huida el México refugio fue
de tu palabra
y los Estados Unidos que fueron tu
casa
tu hogar
tu universidad
tu enseñanza de antihéroe que quisiera
perdonar escribiendo a los que hicieron
una hoguera de España.

BARRERAS te pusieron al regreso
proscrita tu literatura fue borrada
no escribieron tu nombre en las historias
ni antologías recogieron tus palabras.

PASABA el tiempo y tú no estabas
España sin ti iba tejiendo su remordimiento de muralla
y tú convertido en perro que ladraba
ante sus puertas cerradas.

PASABA el tiempo y tú seguiste iluminando otras aulas
América te escuchaba abierta compensando
la sordera y la distancia de tu patria
remota para ti pero tan próxima
en tu alma.

LIBROS y libros hiciste
yunque y martillo en tu Crónica del Alba
aventura equinoccial de Aguirre
Prieto Trinidad y Réquiem por un
campesino que labra con arados y
con hachas
Reyes y Reinas
Ariadnas
Verdugos Afables
y un etcétera innumerable de poemas y de dramas
de gitanas imposibles de nombre Nancy
y de Tesis que nunca jamás escribiste americana
porque tú se la dictabas al oído en procesiones
en toros bravos
y Giraldas.

RAMON J. Sender baturro
de dura crin
flor de almendro
cal y canto
pera de agua
ojos de arqueólogo tienes y antropólogo del alma
sembrador empedernido vas
en tu canoa de agua y alta mar inmensa
donde en cenizas te esparzan.

MIRA cómo no amanece
observa que el agua tiene una inmóvil
alborada celebrando
tu postrer crónica fúnebre
la imposible narración
de tu Crónica del Alba.

YA es alta mar ya
las gaviotas llueven pétalos de ámbar
flores de muerto viviente

tu sepelio lo acompañan llueve
lejanía y viento pasan
por un Pacífico océano que abre sus brazos de plata.

El sol cobarde no quiere presenciar
tu inhumación ni tu lápida invisible
tu réquiem eternam dómine
tu desolación de agua.

SE ha detenido el motor y el timonel se calla
manos femeninas tienen la arqueta abierta
preparada la distancia del más allá de tu historia
de tus siglos infinitos de tu eternidad en llamas.

LA arqueta con tus cenizas tiene una llave de ansias
cerrada la cerradura de tu muerte
de tu rugiente mar y el sol que arranca
por el horizonte y viene encima de tus montañas
para darte el beso de un amanecer
de plata Sender J. Ramón
tu ceniza enamorada cae al mar y las campanas
vuelan tocan órganos y cantan
coros de amanecer vienen
por tu Eternidad soñada.

ENCARNACION
HUERTAS PALACIOS

HOMENAJE A JORGE GUILLEN

Paseo con tu cántico en las manos
herida en claridades de tu espejo.
Despliego de mis simas la energía
para atrapar el vuelo de tu pluma.

En los acantilados se ha prendido
el día que tu ser besó la noche
y ha plagiado mi lágrima la música
de lírica aromada en un océano.

Dejaron tus poemas haz de sándalos,
aroma primavera en el recuerdo.
El secreto de tu alma me salpica.
Limpio, desnudo el verso, verde espuma.

Esas orillas frescas de tu sombra
rozan mis dedos. Hondo e intenso pozo
es tu siembra Guillén, poeta-trigo
que las alas de un cóndor remontaron.

SIMIENTE EN HEVILAT

Se cansó el tiempo de avejentar latidos,
y en el instante de la tierra más ciego,
cuando a su mudo escaparate adensaba tinieblas,
la esfera se quedó ladeada, con los niños dormidos,
suspensos en el vacío los disfraces volados.
Se recreaba en el triunfo
el ser de las materias muertas.
Vibraciones audaces traspasaban la hondura del silencio,
deleitándose con el fracaso de encefalogramas.
¿Había zozobrado la esperanza del amante?
¿Se quedaría el planeta sumergido sin temblor en el fondo
                                                    [de sus ojos?
¿Cuánto tiempo y distancia recorrió paseando
por las catedrales de galaxias
sin escuchar la llamada de una espiga de trigo
en el pico de una golondrina?
Agoniza la noche en la vida del mortal
cuando el sudor de los sueños rompe el vidrio por donde
                                                    [el sol sonríe.
El infinito se cegó de un Tríptico deseo fulminante
y ascendió del abismal sosiego de las aguas
un libro rojo y verde.
Ni fue, ni sería, ¡Era!
Rescatada de su ingravidez la Tierra
los ecos se propagaron, y se mecían en frases sinérgicas
                                            [las llamas de los espíritus.
Arboles de fuego se instalaban en el país de Hevilat.
Un relámpago clavó su diana en el axagonal manto
y rasgó del infinito las tinieblas.
El trueno fue estallido perenne de un himno
acariciado por el vuelo sideral del perfume de la carne.

JOSE INFANTE

VENECIA AL FONDO DE TUS OJOS

A Manuel del Jesús

I

Dejas la tierra y tampoco es la vida.
Sobre el agua, no es un ensalmo
la belleza. Caminar entre
el venerable verdín de estos canales.
Abierta la mirada que la Laguna
jamás podría medir sobre sus torres.
Colores que no existen
si la luz se acabara o alguna estrella
se posase en los embarcaderos.
Toco la espuma. Si es cierta, me despierto.
¿Acaso vives lo que soñaste un día
o esta apariencia del sueño también huye?

Hacia el Metropole se agolparan
los besos. Desencadena el mar
esta nostalgia, que el desamor provoca.
Cenizas, antes que vivos, los gestos
que inauguran la tarde
de la felicidad en el Gallo de Oro,
camino de Rialto,
en la Piazzeta, donde la juventud
desmentirá a la muerte en su pureza.
Sobre esta fugacidad
que devora la piedra, oh ciudad
condenada al fasto de la nada,
qué escondes, a qué desconocido viaje
nos empujas?

II

Como paloma que renuncia
a su vuelo, de la cochambre del amor
te alimentas, en aguas estancadas
remozas tu lejana hermosura
mercadera ¿o fue verdad que luciste
los desteñidos bronces ensoñados
para el poeta adolescente
que a Onan adoraba como rey?
¿Qué sonrisa ofreciste, qué falsa desnudez
de juventud, qué luz de sabiduría
regalaste a la turba de tus adoradores?

En el laberinto cenagoso de tus calles,
en el apartado confín de las orillas,
vagan perdidas voces delirantes,
esperando la muerte de tus labios,
la noche de tus lujosas sedas descompuestas,
el anillo terrible de tus ojos de niebla,
el inútil secreto escrito en tus tapices,
el Carnaval sin fin, donde un día,
te desvanecerás como un relámpago, oh Venecia,
paloma de la muerte en el abismo.

III

Breves días has pasado
bajo esta luz que el agua multiplica.
Piedras y mármoles
su belleza ofrecieron a tus ojos.
Venías buscando muerte entre sus algas,
adivinabas ya la caricia vencida
por el moho, besos rotos
en el gastado estuco de sus ángeles.
Al encuentro has salido de sus sombras
por las playas del Lido.
Tenías el epitafio presto,
las hermosas palabras funerales,
precisas para corroborar la decedencia.
Como un mensaje antiguo
y repetido, se ajustaban

las fichas para un siniestro Carnaval
que escenario ofrecíase para el rito.
Contemplador y víctima, sumiso
caminaste, llevando de la mano
la pasión que pretendías exhausta.
Sólo faltaba enmarcar la desgracia
y ofrecer el desastre a la belleza.
El dorado prestigio de los duques,
la enjoyada leyenda de las loggias,
la lujosa agonía de una ciudad
que el símbolo de la destrucción
consagra con música de fiesta,
testigos serían para el cuadro total
de tu memoria.

Breves fueron los días.
Tañó San Marco su campana de oro,
el Gran Canal os ofreció
el inmenso milagro de las cúpulas,
la orquestina y Vivaldi,
la melodía para sentir la piedra—,
por la Pietá su mano fue más dulce—,
el Adriático mar, la noche de las góndolas—,
en la Salute te perdió su mirada,
redimiendo la dicha del más oscuro légamo.

Ahora, apenas la húmeda brisa se levanta,
resbalando la desteñida proa del vaporetto.
Tenue es la luz que dora las iglesias,
cuyas lenguas de plata preludian la mañana.
Imperceptible el sonido de muerte en los embarcaderos.
Nada se hunde sin conocer la gloria
de la carne. Las palomas despiertan
como ecos. Atrás quedan los sueños.
El amor te acompaña. Derrotada quedó
la piedra en su desdicha.
Miras, con postrero embeleso,
la ciudad condenada a través de sus ojos.
El alba corona, al fin, tu despedida.
Puedes decir con júbilo:
amanece en Venecia y nos marchamos.

MARIA ROSA JAEN

BOTON ROJO

Naufragan los sueños de oro
en maléficos vaticinios de redomas
convocadas a iniciar nuevas eras.

Locos agigantados se pasean
por la luna, creyéndose
señores omnipotentes de la esfera.

El sabio se reviste de gravedad
buscando el sendero de una brizna
de hierba entre la arena.

No hubo tiempo de entonar
un canto dulce o amargo
por las sentencias del oráculo.

Hubo, eso sí, un botón rojo
que impregnó de delirios
la corteza de la tierra.

BOCETO DE MILENIOS

No columbraba el sol
más que arrecifes de luengo mirar
entre las nubes.

Andadura glaciar del hombre,
pasar gastado del reno en la estepas
y un silencio adueñándose
en las quedas hendiduras de la selva.

Estampa de milenios
contemplada por el viento remoto,
allí sus señas quedaron en la piedra,
tallando el bosquejo de la historia.

CLARA
JANES

CUERPO DE VOZ

Cantar es sólo abrirse como fuente,
manar sin pausa
y desgastar la piedra,
fijar así la historia
o dejarla en los huesos musitado.
Repetiré mi salmo
mi materia carente ya de logos
para enunciar mi entrega,
mi enamorada y firme mansedumbre.

(del libro inédito *Razón de ser*)

TIENTOS

Imitó Alemán
de la perdiz el trino en un poema;
yo gesto y pie enarbolo
y el taconeo inicio
sometida a sus quiebros
que en rijosos quejidos se suceden
sin que el árido azul,
erial ilimitado,
les otorgue su alar.

(del libro inédito *Razón de ser*)

LUZ MARIA
JIMENEZ FARO

NO ME BUSQUES DORMIDA ENTRE LAS CONCHAS

Amante, no pretendas mi cuerpo dibujado,
mira cómo en la arena se deshacen las formas,
coge sólo los besos que estallan en las olas,
ahorca en mi garganta las palabras que flotan.

Amante, no me busques dormida entre las conchas.

Brillaré entre los peces, y sus abiertas bocas
repetirán tu nombre.

Y el mar estará lleno de ensangrentadas rosas.

Amante, no me busques dormida entre las conchas.

Atada a tu tristeza, sólo seremos sombra.
Yo te conozco, es cierto: tus manos me deshojan
y atónitas galernas de tu saliva soplan
en la honda caliente de mi desnuda costa.

Amante, no me busques dormida entre las conchas.

MANUEL LACARTA

(30)

Alguien mueve su cuerpo en el aire como si estuviera
escuchando desprende los átomos sucios del polvo
en las cortinas alguien como si estuviera escuchando
sacude con desgana las alfombras amarillas orinales
y desde un balcón con flores alguien agita su mano
de plata como si atento siempre escuchando

Alguien Bambi con un leve gesto rococó forzado
aparta la osamenta de pieles y cartílagos vacíos y en esa
mesa sola bordea con el cuchillo las peladuras insensibles
de la naranja como si estuviera sí escuchando.

Como si estuviera escuchando alguien bosteza
mientras tú admiras esa música barroca que adormece
los sentidos y no puedes apartar tu mano de la máquina
de discos obsesionado con las luces que sitúan
los agudos a la izquierda forzosa de los graves
matizando las distancias de un concierto para cuerda
en el acto de la escucha los lugares se dispersan
y piano como si estuvieran escuchando sumidos
en atentas viejas fachadas a tu paso molduras de escayola
ánforas en roja simiente sobre el barro imaginas
que están muy lejos esos niños que juegan
desnudos en los charcos junto a los trenes
muy lejos los mendigos en los atrios férreos de las catedrales
las columnatas y capiteles góticos supurando
muy remota la guerra completamente imposible
naufragar en las trincheras y sin embargo

Esta absurda mañana todas las calles de la ciudad
amanecieron sitiadas por el humo necesario es que huyas
Bambi de los coches de los merenderos con su comida
almacenada sobre los tanques de las aletas del tiburón
que pueden tocarte necesario es que huyas Bambi
hasta de ese con mandíbula ancha nariz deforme
que pareciera labios cortos estarte persiguiendo
aunque se oculta en las esquinas (porque se oculta
en las esquinas y pareciera estar escuchando)
acaso una noticia urgente de entregar en mano
aunque apenas te conoce y sólo la poquedad
de palabras en vuestra conversación forzosa
al cruzar la mirada en los puentes elevados
percusionando con olvido los tambores
al romper balbuciente un saludo de ceda el paso
en el metal de las tubas y clarines.

Alguien mueve su cuerpo como si estuviera
escuchando: señor presidente o a quien corresponda:
alguien no respira las veces necesarias por minuto
se le escapa el aire y reclama el mundo del oxígeno
en botellas pintadas de rojo de diez litros
la ciudad está cubierta de banderas de carteles
que no obligan con detenimiento: no a la inmensidad
del desvarío desagravio urgente desagravio
porque la música ya no puede hacer más gratas
las estancias y todo se desborda en las cortinas
precoz eyaculante las cañerías están supurando
mierda la lejanía no sabe limpiar las manchas
más profundas de la ropa el agua de la lluvia
se almacena en cántaros rotos y alguien al cruzar la calle
encontró su boca caída en la boca de las ratas
(anunciamos una coda interminable).

No debes Bambi abandonarte a las ausencias
saber que en el invierno los árboles dejan ver
la calle y los animales desnudos se ocultan
en las tazas de chocolate hasta tomar color de tierra
sólo conservando sus pupilas blancas

Para dejar visibles huellas hay Bambi que embadurnarse
los pies de harina y penetrar en los grandes

hornos donde cuece el pan en sus fermentos
y el que quiere conocer la verdad del mundo debe
contra su verdad contricta mirarse en el fondo
de las cacerolas o romper estanques helados sin dañar
los peces de colores flotando como los ahogados

No debe Bambi morir la música mientras se muere
el hombre mientras queremos elevar las manos
hacer del cielo el reino de los toldos
como persianas verdes y batracios arropados
en el limbo no deben Bambi morir los batracios
la sumisa rana anciana ni ser razón el ensueño
masturbación de niños mutilados en sus camas
cada noche hasta que el hospital de día envolviendo
la negrura en manto de paredes blancas para que así sólo
lejos los temibles recuerdos en la noche puedan
algún día no muy lejano atraparse las estrellas
como buscando mariposas en los patios.

(de 34 *posiciones para amar a Bambi*)

Imposible Ulises el retorno
Polifemo apacienta tus rebaños.

Sentado tras los muros la tierra
sabe a labio que alza su cintura

Sentado tras los muros el oasis
deja un desierto en la retina
los lagartos se multiplican en
viaje eterno de encontrar el agua

Sentado tras los muros nunca llueve
los toldos dejan manchas de sol
cuando se encamina hacia la tarde
sentado tras los muros nunca el día
la luz está dudando si acercarse

Sentado tras los muros todo
tiene grandes dimensiones de
suprema pequeñez remota

Sentado tras los muros una adelfa
si que florezca si cortarla sentado
tras los muros toda flor se oculta

Sentado tras los muros los pies
son pies de enredadera y los ojos
placton profundo que habita las grutas
sentado tras los muros sus manos
no se mueven su cuerpo bascula

Sentado tras los muros los colores
se diluyen para que el volumen
tome cuerpo en la distancia querer
abrazar lo lejos sin alcanzarlo.

Sentado tras los muros es vocativo
el nombre de la amada es soledad
dejarse quieto reposando y para qué
la espera hasta el cómputo de cuándo

Sentado tras los muros contempla
la distancia soledad de una patria
subcutánea y suya ajeno a lo presente

71

las colinas que se elevan lejos
y el caer rocío madrugando el alba
de árboles posibles en aceras
de un blanco sabor de nieve
que aún notándolo no llega.

Sentado tras los muros de ladrillo
y cal antigua observa cómo gasta
la llanura su ciclo de estaciones
y el olvido lento de los pasos
en la arena cómo va dejando madreselvas
secas pulsaciones negras de un pie
descalzo que aproxima su tristeza.

Sentado tras los muros de ladrillo
viejo y cal de nombre antiguo mira
gaviotas buscando el mar de puerto
y sirenas sin voz de islas que recuerdan
aquel a quien todos conocen como Ulises.

Sentado tras los muros hay un litoral
que antes no estuvo una marca nueva del mar
en el perímetro de olas hacia la playa.

Sentado tras los muros piel de cobre
que adormece grietas su mirada busca
una sensación de paz inmensa que no halla
como si llamáramos ausencia un barco
prisionero del papel de los estanques

Sentado tras los muros pastorea
sueños cálidos en rebaño ciego
de ocasos imposibles deja libre
al viento de la tarde para que lento
acuda tocando puertas cabellos seda
en las alcobas.

Sentado tras los muros toldos
que mima su tristeza fotos
que ocre en su ternura nombres
de intransferible sueño
acaso el ausente es quien espera.

(de *No importa Ulises*)

ADELAIDA
LAS SANTAS
LOUREIRO

Se va agotando mi rostro y mi figura
la raíz se hace amarga y languidece
El corazón va secando su alegría,
los brazos están inertes
esperando al hijo que no llega.
Condenada estoy a ser polvo
sin dejar semilla.
Sólo llevo dentro de mí
el polen de mi Amado
que nunca florecerá.
Somos dos árboles frente a frente
que van sorbiendo sus propias raíces.
El tiempo los dejará tendidos.
La voz se perderá en el vacío.
Acaso quede un verso.

JACINTO
LOPEZ GORGE

NOCHE DE NIEVE EN TIERRA DE CAMPOS

NIEVE cayendo por la noche y nieve
recuperando el cielo y la mañana.
Todo era nieve en mi canción temprana
y nieve y sol en la alameda breve.

De otra nieve caída y su relieve
de altos montes y valles, tan lejana
ya en la memoria, junta a la ventana
iba llagándome el recuerdo leve.

Las horas de Ketama y sus cedrales
y estas horas de Osorno y su alameda,
signadas van de amor y de blancura.

Perdido aquél, sólo este amor me queda.
Este amor y esta nieve tan iguales.
tan limpios, tan eternos... Nieve pura.

74

ALFONSO
LOPEZ GRADOLI

J G - A, DE NUEVO

«la memoria perfecta y serenada»
alguien ha dicho de él qué cierto
su casa es el mundo con paredes de cristal
y Juan recuerda detalles con minuciosidad
insignificantes sucedidos de una noche cualquiera
qué corbata llevaba aquel poeta aquel día hace
ahora treinta años preguntas interrogatorios
un pormenor que alguien juzgaría irrelevante
y que de pronto él hace importantísimo
como ese escenario en sombra al que llega
súbita la luz vivísima y potente
tiene propensión —nos lo explica Juan en algún libro—
a contemplar el vivir como majestuosa
representación aquietadora —recuerda los azules
del mar— pero inquietante si le viene viento
a esa masa que nos da horizonte
junto la luz que llega de la calle
cerca de las palmeras del camino de la playa
de Valencia Juan va ordenando
seleccionando como piedras sus recuerdos
recién lavados en un río de experiencia
que abrillanta pule su sabiduría él medita
las paralelas líneas ocredoradas
de lo que ha sido su vida es un sereno
espectador curioso ante la tragedia oscura
mugrienta verdegris quemada por salitre
de los hechos de su alrededor recorre
humanamente sosegado azuladamente apacible

su autobiografía «me dijo Luis Cernuda
en un viaje ya en plena guerra a Barcelona»
estremecido ante las presencias que vuelven con rotundidad
son rompedoras y beneficiosas nos ayudan
las cosas el orden de las cosas el asombro
ante ellas pero sin darles lluvia de tristeza
sin impregnarlas del suspirante agridulce de añoranza
huele su casa a madera buena a muebles enfundados
cada verano con meticulosa quietud de cortina planchada
a flores secas y prensadas en el interior de un libro
al lado de una ventana Juan alínea como vieja
fotografía sepia nombres de sus compañeros
Antonio Luis Manolo Rafael Rosa Max Ramón
en la mesa camilla con lino finísimo cristales
tintineantes plata antigua con vahado brillo
Juan a sus visitantes da el regalo de rememoraciones
parcelas de tiempo no detenido como el agua que pasa
de bancal a bancal en su tierra de Levante.

MIRANDO COMO CRECE LA LUZ

Qué sensación de ligereza. Sigue la madrugada
esa leve y espléndida penetración suave,
declinan las columnas grises y tumbadas,
nacen los carmesíes y los malvas, soplo
misterioso de verdes extendiéndose.
Lenta labor, apacible tarea, homenaje al humo
que nos transmite esta comarca esencial, ribera
del amor con plenitud mediterránea.
Un parado color zumo de uva; amanece
sobre las casas que más tarde tendrán oro
de sol. La delicada transición. Melancolía.
Cuántas veces he vuelto a estas playas
con la memoria, desde otra desengañada tierra,
desde otros variados destierros que nutrieron
este fluir, esta interpretación, discurso
sobre todo el desamor que aceptó mi vida.
Estos paisajes acompañaron el cansancio
de sombra en un viajero que, con lucidez, seguía
imaginando, añadiendo espacios y colores a lo ya existente,
el artificio hecho por emoción a lo que es nuestro,
el sostenido aliento que da cerco duradero,
como la protección de cañas a las huertas.
Miro amanecer, una vez más, con desconcierto,
contemplo reflexivamente. El cielo es agua pálida,
y yo comprendo la verdad: porqué he de hablar de mi vida
vigilantemente para evitar nostalgia.
(Así, filtrado sol por ramas de los pinos.)
No crear opulencia, sí resumir, en una línea, un horizonte.
Las emociones que tuve en esta tierra donde vuelvo,
aproximadas para ti, adelgazadas en palabras,
el zumo de las experiencias, un equilibrio
entre lo sucedido y el juicio del poeta.

Es el desasosiego. El sol, nuevo y dorado,
miro las masas recortadas de los pinos,
las franjas secas de los arenales, el frenesí de las adelfas
contrastando con verdes junto al mar que duerme.
Ya es una mañana. Y está aquí mi pasado,
lo que he sido yo en estas playas, las historias
que prepararán los instantes del futuro.
En silencio. Y algo de la realidad vivida nos retorna;
es esta mi tarea. Es el reino del sol sobre nosotros.

JOSE
LOPEZ MARTINEZ

CITA EN EL TOBOSO

Era la medianoche —sombra y llano—.
¿Le ladraban los perros a la luna?
Era una medianoche sin fortuna
para el enjunto hidalgo castellano.

¡Don Quijote! ¡El Toboso!... Mano a mano
los sueños y la vida; todo en una
hermosa soledad, en la oportuna
sobriedad de un silencio soberano.

Era la medianoche, que cruzaba
por los caminos de la poesía;
era un loco inmortal que caminaba

cuerdo de amor y de filosofía;
era este hermoso pueblo que soñaba;
era La Mancha la que renacía.

COMO UN RIO

El hombre es como un río:
a la intemperie, solo,
ha de cruzar las cuencas de la vida.

El hombre siempre viene
del insondable misterio de la Nada,
de la profunda soledad del Tiempo,
y lo mismo que los ríos
se va precipitando
en el mar riguroso de la muerte.

Brota, junto a su cauce,
una ribera fértil de fracasos,
una alameda gigantesca de álamos
que ocultan su canción
y su alegría.

El hombre es, casi siempre,
una corriente de agua despeñada,
que va a romperse contra los abismos
de sus propias preguntas imposibles.

**LEOPOLDO
DE LUIS**

LA VIDA, ESA DESGRACIA

*Según una encuesta, uno de cada diez
jóvenes considera que vivir es una
desgracia.*

En qué bosques de pena extraviados
sin haber arrojado las menudas
piedras blancas, regando la esperanza
por intrincadas rutas
para retroceder a la alegría
O quizá no hubo nunca
un alegre rincón al que volverse,
quizá no se ha partido de ninguna
costa feliz, no ha habido primavera
de madre, de sonrisas o de música,
no abrió domingo alguno su cobijo
de miga de pan tierno, su cochura
dorada, no nacieron las mañanas
de juego azul o de terrón de azúcar.

Hay una puerta en la memoria y nadie
llama. El recuerdo es lámpara: no alumbra.
Es la nostalgia un violín: no suena.
Honda rosa es la infancia: no perfuma.
Ni va a tocar la mano el terciopelo
de una mirada que renace súbita.

Vida, sombra, madrastra,
pesadilla, rencor, vacía cuna,
trago amargo, tos bronca, ceniciento
pesar o encarnizada quemadura.
Muchacho siempre al norte,
muchacha hecha de lluvia.

La vida es una extraña mujer, un hombre extraño
que empecinadamente se desnudan
y van a un mar que espera silencioso
y oscuro, sin oleaje y sin espuma.

LOS DESPOSEIDOS

Recitábamos largas letanías,
milenarios, retóricos conjuros
en piadosa madeja, en eufónico
enredo cabalístico de augurios
que a salvo nos dejaban de amarguras,
de atroz sequía y de cruel diluvio.
Amparados de trágicos designios,
los elegidos éramos, los únicos
supervivientes de derrumbamientos,
de maldiciones y de engaños súcubos.

Recitábamos clara, exactamente
la larga letanía, más de súbito
un pequeño accidente, una palabra
de más, de menos, desbarató el número
y el hilo se rompió, se vino abajo
la feliz protección del viejo escudo.

Y perdimos la magia. A la intemperie,
expatriados del ritual refugio,
caminamos mirando las estrellas
sin saber descifrar sus signos fúlgidos,
olvidadas las claves misteriosas,
desposeídos del poder litúrgico,
sin sus arcanos códigos, ya ciegos
a su señal, a sus preguntas mudos,
a su música sordos, insensibles
al místico caudal de sus efluvios.

Vamos expuestos a la dura y seca
realidad, añadidos al tumulto
de la desilusión. Vemos los dientes
de la miseria, caminamos junto
a los que temen. Defendemos sólo
un humano reducto.

MARIO ANGEL MARRODAN

HISTORIAL PARA HOMBRE SOLO

Derrotado completo por la vida
donde aprendí las cosas más amargas,
puedo manifestar al auditorio
la entristecida realidad de mi alma.

Los días duros para el hombre solo
le hacen saborear la hiel aciaga.
Sombrío, roto, áspero e inútil,
nada el canto corporal en lágrimas.

Desde el ceremonial de la materia,
apenas esto en la verdad sagrada,
el todo contra el todo me lo dice
de cómo veo a hijo de la entraña.

Esclavo del dolor en el costado.
Un gesto le hace libre mientras pasa.
Pero la oscuridad no le abandona
y ha perdido del sol la paz dorada.

Enviado por el Todopoderoso
sobre la ruta más desventurada,
humildemente dobla la rodilla
mientras cae a la tierra pobre y vana.

Arcilla hacia el Olimpo, gota ciega
rebelde en el abismo. Y estrellada.
De tantas huellas, vías de este mundo,
su savia abunda en la canción pagana.

Quien derrama su vida hasta la muerte
deja la violencia derramada.
He aquí que cada ser real es lucha,
es tiniebla de hermano en la desgracia.

Aquí está. ¿Qué hace? ¿Por qué un cuerpo
cruza cansado por la edad nublada?
Se le ha negado todo lo que tiene.
Lo que tiene es su ruina desolada.

La gente del amor apenas sabe:
del verdadero amor no sabe nada.
Los favores de Júpiter implora
y serás de tormenta luminaria.

DE LA NIEBLA A LA LUZ

(AL EXISTIR SE ALUDE)

Nací un siete de junio, donde Géminis
con su voto ferviente proclamaba
el designio vital.

        Heraldo en aras
del atávico duende, desde entonces
soy peregrino de nuestra galaxia.
Como largo temblor de servidumbre
la de un niño de humo florecido
por el código tierno de la carne
en la ambrosía de su nacimiento
se asciende al cuerpo a cuerpo con el culto
despiadado en la órbita

            celular de la sangre:
la ardiente concepción de la tinieba
cual ruin periplo a huracanes de odio.

Desde el cimiento aprendo a ser humano.
Salgo a conquistar la vida, el cerco
de muralla implacable que atraviesa
el tiempo:

        dádiva del fruto derramado
por entre las ofrendas zodiacales
del pecho a las raíces transitadas
en el lugar arcano del origen.
Historia urdida a través de un cauce
de voluntaria aceptación de lucha
por remontar lo inhóspito, de albergue
en la misión de amor, árbol y canto.

Tengo derecho a defender mi mundo
alma adentro de oscuras prehistorias
para pedir el donde de un plenilunio
amamantado por lo trascendente.

SALUSTIANO
MASO

ECHO A SUERTES

Echo a suertes y sale la gran quimera de siempre: vivir
Sombras contrarias retroceden pidiendo excusas
Vuelan los naipes en triunfo
El cuco del reloj aplaude
Y el revólver, que poseía la carta de la verdad, llora como
    un tahur a quien han hecho trampa
Cada siete segundos echo a suertes y por mis ojos pasa
    invicto el mediodía
Respiro, el horizonte me sostiene, la hierba ríe, el viento
    ata y desata los cabos de la paradoja
¡Vivir!
Con el terror y la falsía y el puñalito que penetra insidioso
    y continuo en puntos deliberadamente no vitales, vigilado
    por el ojo torvo e irónico del Gran Puñal
¡Vivir!
Teatro de los espacios. donde no toca fondo la Palabra
Orgía de las cumbres, rotación de los mares, bodas
    imprevisibles,
    veredas al sol
¡Y cuerpos!
Cuerpos núbiles entre los lienzos de la noche, calidos
    cuerpos de mercurio y escalofrío
Echo a suertes de espaldas a toda moderación
Digo vivir y, sí, lo sé: no tiene sentido
No hay salida
Item más el horror aprieta sus tuercas
¡Duele!

Duele lo efímero, lo estacionario
Lo que congela, lo que abrasa
Duele lo parcial, lo total, lo inexistente
Duele cuando menos se piensa y cuando más se piensa
Pero la ola insólita rompe, asciende, salpica, deslumbra
    en el acantilado
Millones de astros la respaldan
¡Luz, más luz!
¡Estamos vivos! ¡Alegría!
Siga el revólver con su lágrima; coplázcanse los naipes
    en su sabiduría del engaño
Mientras en los manteles, entre senos desnudos, el vino
    profano-sacramental fustigue el cántico
y los abrazos en combate cósmico se persigan
echo a suertes y gano
y calla el cielo cómplice
y todo Azar se me somete
El cuco del reloj ingresa en el manicomio
La lengua apura la sal que el último golpe de mar
    dejó en los labios

(del libro inédito *Y en el cielo las Pléyades*)

QUE TRATA DE JARDINES

Vuelven jardines insólitos al recuerdo:
tropel de dalias, invasión de celindas,
anarquía de rosas arañando la muerte.
Parques con humedad de lágrima remota.
Venados, pérgolas, laberintos.
Breves olimpos en ruinas.
Estanques llenos de abandono. Verjas cerradas
cuya herrumbrosa llave se ha perdido.
Vuelven jardines.
Cada minuto de desolación tiene el suyo.
Dan vueltas y más vueltas al carrusel del insomnio.
Vuelven ardillas, pájaros con nombre de volcán o de
    fábula,
buscan su geografía, su estación, el rostro
    de madre que les corresponde.
Jardines que quisieran identificarse,
alamedas con un halo extraño de devastación.
Pero quién sitúa cada magnolia en su panal de olvido.
Quién deslinda el matiz de cada personal heliotropo.
Vuelven extraños cenadores donde jamás estuve,
quizá soñados,
arboledas irreales entrevistas
con ojos irreales
Vértigo de azucenas
              Pirámides
de otoñales hojas podridas
bajo los pies
Vuelven jardines:
             el recuerdo
los confunde y arrasa
o se entrega, sonámbulo, por los parterres y los lagos
a un ingenuo travestir de fantasmas
(¿por qué jardines y no aras, u orgías, o navegaciones?)
Llueve. Llueve. En la noche reseca y violenta
maravillosamente está lloviendo.
El universo es un fabuloso jardín colgante.
Hasta que al fin el desveado sucumbe
con la incurable obsesión del paraíso.

        (del libro inédito *Y en el cielo las Pléyades.*)

JUAN
MOLLA

CATACLISMOS

Yo también he entrevisto altísimos países
alzados sobre mapas en penumbras,
parajes encendidos donde claman
arrebatadamente los colores,
donde las cordilleras se acumulan
escalando la luz del Universo,
sin último horizonte.
En noches tan distantes entre sí como estrellas
exploro continentes aflorados de pronto,
lagos como pirámides, vertiginosos ríos subterráneos,
trayectos repetidos a través de unos sueños
separados por lustros o siglos en el túnel
de mi revés profundo;
busco lugares recordados donde no estuve nunca
sino sonámbulos, pasos
secretos entre mares verticales o peñas
abruptamente izadas en mástiles crujientes,
rastros para saber volver dejados otras noches
de otros años o siglos o milenios.
Paisajes entrevistos de lejanos planetas,
espacios excavados en el seno del aire,
llanuras como cielos invertidos
secretos entre mares verticales o peñas
por donde cruzan vientos minerales,
donde flotan extrañas islas de bronce y plomo,
restos de gigantescos dirigibles
y perdidos satélites.

En inmensas cavernas deslumbrantes
chocan trenes futuros, monstruos maquinarias
desbocadas que saltan cuajadas en estrépito.
Chocan mundos rugientes
y poderosas luces contrapuestas,
colores desatados restallando en un aire
de mármol o metal encandecido,
fuerzas creadoras destruyéndose.
Olas de piedra se levantan
sobre el desierto en llamas. Crestas
que rompen contra el púrpura o el ocre,
el azul, los añiles, los grises, los plateados
garfios de luz que en el morado saltan.
Cataclismos celestes, la rotura
de los duros estratos de la Tierra,
Incendio de las rocas furiosas, los océanos
desolados de lava, vórtices de mercurio,
ráfagas de carbón y de cenizas.
Cóncavos cielos de cobalto, hendidos
por astros invasores, agujeros
siderales cerniéndose en el cénit
o cometas en orden de combate,
constelaciones ominosas avanzando en la noche
y fuerzas destructoras acercándose...
Y, bajo el cielo en erupción, los ojos
asombrados, admirando prodigios,
soñando con el vuelo por el azul,
el negro y el violado;
soñando con el trueno del origen
volando hacia el futuro y el silencio
final, hacia la luz,
hacia el eterno
comenzar del vacío.

CARLOS MURCIANO

DONDE EL POETA, VIENDO BEBER A LA AMADA UN SORBO DE VINO OLOROSO PIDE Y OBTIENE TOMARLO DE SU BOCA

Probó tu boca el vino rojo, y quiso
fortuna o diosa, Lisi, que estuviera
quien esto escribe a tu costado y viera
fundirse paraíso en paraíso.

Venciendo incedio y sed, pidió permiso
para poder usar de igual manera
copa tan delicada y duradera,
lengua tan dulce y labio tan sumiso.

Y concedido que lo hubiste, puso
sobre tu boca en flor su boca ardiente
y sorbió a quemapiel y quemarropa.

Y, un momento después, supo el intruso
cómo era hermano y cómo diferente
beber el vino en tan lujosa copa.

JOSE RAMON
NAVARRO CARBALLO

NUBES

Jinetes del espacio que Eolo dominara,
figuras fantasmales, materia sideral.
Corpóreas vivencias que el cielo me depara,
oníricas vestales que trajo el vendaval.

Caminan desflecadas, henchidas y sin tara,
manada sin sentido en estepa inmaterial.
Oscuras, proteiformes, frontera que separa
el cielo de la tierra, en línea desigual.

Columna abigarrada, translúcida prepara
el ocaso que acaece en la véspera otoñal.
Son hídricas figuras que el agua transformara
de ubérrimas esencias en lluvia potencial.

¡Así el alma se atreviera y, pronta, desgarrara
la mórbida acedía que anuncia mi final
y en las grises nubes mi tristeza la dejara
que flote, sin destino, por tiempo inmemorial!

A UNA MIRADA ARTERA

No me hiera el fulgor de tu pupila,
que es rueca del cristal donde se hila,
con hilos del rencor de tus enojos,
ese algo falaz que se perfila
en el brillo ambarino de tus ojos.

No beba del licor que destila,
en lágrimas de amor de una sibila
que cuece sus venenos a manojos,
el precio de un amor que no se alquila,
pues, tiene el alto precio de tus ojos.

Araña incorporal que me vigila,
en mallas de una luz dorada y lila,
gozando de antemano mis despojos,
espejo inmaterial en que tilila
la luz enfebrecida de tus ojos.

El gozo que prometes se asimila
al yunque sin metal donde se afila
la daga de tus iras, sin sonrojos,
las coplas de un cantar que no se estila,
rimando con las luces de tus ojos.

Imágenes de un sueño que desfila,
no espero de tu amor vida tranquila,
yaciendo bajo él puesto de hinojos,
pues, todo lo que miras lo aniquila
la mórbida caricia de tus ojos.

SOMBRA PRESENTE

En esta habitación donde mis ojos
habitan tantos años y renglones
alguien vendrá a sentarse y notará
que esta silla de cuero está ocupada.

En esta mansa habitación, un día
alguien se sentará sobre mi sombra
y en la íntima vena de la pluma
sentirá los latidos de mi pulso.

El pájaro nocturno de la luna
que venía a través de la ventana
a posarse en las ramas de mis hombros
coronará de plumas la cabeza
del hombre que se vista con mi sombra
en esta habitación donde residen
las huellas de mis ojos que se esperaban
en la tímida esquina de un renglón
la vuelta de la mano de Teresa
hacia el breve acueducto de mi cuello.

Se quemará los dedos el que pase
las hojas de estos libros, con la fiebre
de mis tardes a versos;
y en el rayado espejo de una página
contemplará el retrato de mi melancolía.

ANTONIO
PORPETTA

LA VIEJA DAMA

Hay una vieja dama
que llama suavemente a nuestra puerta
con el leve marfil de sus nudillos.
Conoce bien la casa:

                         nos saluda
con su hermoso silencio
y deja en el vestíbulo sus guantes,
su sombrero, el cansado paraguas
de las lluvias de otoño.

                         Luego entra
en la sala, derramando a su paso
una luz somnolienta de quinqués,
un remoto perfume de magnolios.
Se sienta en la penumbra:

                         siempre ocupa
el callado rincón de la ventana,
y desde allí nos mira
con sus ojos de sándalo,
mientras brota en sus dedos
el mínimo huracán del abanico.
No necesita hablar:

                         la vieja dama,
con su tenue presencia,
nos descubre un paisaje de hondos universos,
nos hace recorrer caminos muy lejanos,
dibuja en nuestra frente escenas y palabras
aromadas de olvido.

                    En las horas del llanto
se acerca al clavecín, y canta quedamente
una alegre balada que enamora,
hasta que vuelve el sol a nuestros labios.
¡Qué remansado mar,
                        qué lluvia generosa
nos da su compañía!
¡Cuánta vida renace
                        con su silente bruma!
Cuando llega el momento, se despide
con un breve ademán:
                        quizá vuelva mañana.
La vemos alejarse, rodeada de pájaros,
maternal y serena.
El frágil camafeo
                        que cuelga de su cuello
guarda la miniatura
de nuestra propia vida.
Porque esa vieja dama es la nostalgia.

FERNANDO QUIÑONES

I. POR SUS PANES LAS CONOCEREIS

LOS sellos con que marcan
sus hogazas los panaderos
bien nos dicen, Carcanio, a qué punto de perdición
ha llegado nuestra ciudad.

En Mérida se adorna bellamente
al pan con las figuras de Las Cuatro Estaciones.
Dos peces lleva el que se amasa
en Cádiz; un amable jabalí
rodeado de aves, el de Elche.

Y aquí en Córdoba, hasta en los panes
encontramos escenas eróticas.

(de *Las crónicas de Hispania*)

II. EL MENTOR

Homenaje a Rodrigo Caro

MANCHA llorar, os dije, y que no es bueno
para la vida. Pero si
os inquietara a veces no haber llorado nunca,
acaso sólo hayamos de inventarle
ahora y aquí, su luego a la alegría
de esta plaza. Poneos ya
en lo indudable, en trasladar a término de polvo
muralla, voces, carros, columnas prósperas.
en ojos y metales. Ved, revuelto
Adivinad la nada
en ojos y metales. Ved, revuelto
con nuestro propio olvido, campo
de soledad, mustio collado,
esta que hoy es Itálica famosa.

(de *Las crónicas de Hispania*)

CANDELAS
RANZ HORMAZABAL

ASI

Tus manos sudorosas en las mías,

ciñendo la estrechez de tu cintura;
mecido en el umbral de tu estatura
al viento de la tarde arrullarías.

Reventando en tus senos hallarías
la emoción del placer —aún siendo pura—
que en pálpito latir allí se apura.
¡Si volvieras, mujer, me encontrarías!

Cual junco que floreces en mi río,
si así te busqué, así te quiero;
si así te soñé, así te ansío.

Soy páramo que busca tu rocío
hecho carne y placer en tu albedrío,
y esperanza de amor en quien espero.

ATARDECER

Atardecer en el alma, dulcemente,
sabiendo que tu brisa me aprisiona;
la brisa del desprecio que obsesiona
la inquietud de mi amor incandescente.

Sí tengo que morir, humanamente,
como muere a la vida la persona.
Desde ahora mi alma te perdona
para mirar a Dios humildemente.

No quiero compartirte en mi agonía,
ni quiero que me lloren porque muera,
los ojos que, impasibles, me aborrecen.

Yo sé que vuelvo a Dios y eso me amplía
la esperanza de hallar en su ribera
las riquezas que, ahora, me empobrecen.

LUIS
RIAZA GARNACHO

POEMA CACOFONICO

A René Girard

Mono mimético e imitador es el hombre
y su deseo, calco del deseo de otro
que de modelo le sirve y que, a su vez,
al copiante acecha para copiarle su deseo.

Tal es la rueda ruin y a raíz roída
que hacen del mundo nudo y nido
de violencia y lacerante lance,
feria de fieras furiosas e indiferenciadas,
todas opuestas por parejo antojo,
más frenético cuanto más idéntico.

Y tal será la causa de la fatal apocalisis
que acabará con los cacofónicos macacos
al menos que un personaje marginal y ajeno
    —brujo, judío, bujerrón,
      majara, rojo, hereje,
      gitana, mujerzuela, tiapelleja,
      o simple hijo de puta—
enjaretado quede con las ojerizas
del amasijo así enzarzado
y, al añejo uso del ovejo emisario,
despellejado sea
por la jauría deseante.

      Solo resta sacralizar el crimen
y escamotearlo:
rejuntar y pintarrajear

los cachos de bicho despachado
en el cuartucho de los sótanos
y remontar al remendado resurrecto,
en revuelta procesión de víctima y de victimarios,
escaleras celestes arriba,
hasta erigirlo en la punta cimera de las puntas,
ya transubstanciadito
en la cristalina esencia
de un dios sin cáscara y sin bordes,
todo refulgente, mas, con todo,
por más que se le dore y se le adore,
de oscuro origen y confeccionado en casa.

El silencio, entonces, al frenesí sucederá
y mientras lloran los ángeles, allá,
en el hueco del candoroso cielo
        —si ángeles y hueco y candor y cielo existen—
el sosiego se posará sobre los asesinos
y los bufones de la puesta en misa;
los comiquejos empeñados en la recuperación
del truco sacro de marras
por los siglos de los siglos.

Pero no hay paz eterna:
sólo paz para hoy,
blanducha como las huevas nuevas
que cargaran las moscas de la muerte
en el deseo de mañana.

PERROS

«Where the dogs go on with their doggy life»

W. H. Auden

Las calles de Tebas, todas esmaltadas
de cagaditas del vigente rey
y, en el aire, un perfume a gasolina muerta.

Los ojos reventados de Edipo,
los hígados de Polinice
mordidos por los buitres verdugos,
Antígona a pedradas hecha trizas
por los respetuosos con las leyes:
toda esa peste antigua,
por fortuna, superada ya.
¿Quién se acuerda de la revuelta sangre
de los chivos?

En los árboles, paz
De las ramas, colgajos de paz
y musiquejas.
Yertas las cosas penden
de la conformidad tebana
y, en cada hogar tebano,
(aparte de las sombras
y de las estampas de la sustitución)
un nuevo rey de la carencia.

Las bestias de la realidad:
el colmillo y el degüello,
los perros contra el oso primordial,
los perros a dentelladas contra el mundo,
los perros con las tripas fuera,

101

todo aquel pelaje inicial,
por fortuna, superado ya:
todo lo más en museos, en tapicerías descoloridas
y en esmaltadas bomboneras.

Ahora el nuevo reyecito, sobre almohadón con borlas,
comidita enlatada con salsita especial
y su huesecito de plástico
para las fantasías lúdicas.

El honesto tebano, por teléfono, a su ministerio,
excusa su asistencia al deber:
la reinita se encuentra indispuesta
y del augusto parto
hasta cinco cachorros se hubieron,
todos futuros reyes.

Las aceras de Tebas esmaltadas
por la mierda de los nuevos señores.

Paz y consolacicón:
las aceras de Tebas esmaltadas
con mierda de perro.

CARLOS
DE LA RICA

EL JOVEN DE LOS LIRIOS

(Para Acacia Domínguez que lloró
conmigo al contemplarlo.)

Fuese a mediodía intentaba
inmiscuirse en el alma esclavizarla
poner la faz en confusión muy íntima;
inclinó el ceñidor y daba vueltas
al ojo de perfil y tan hermoso.

Luego, el descenso del cabello
separado por el vapor del agua; una duda
imperceptible obliga a su siniestra sostener
algo. Intentaba en la cabeza
colocar sin fatiga la cola de un ave, de una
avestruz o eran plumas los dedos
de un dios que se burla con morbo
de este glorioso célibe. Intenté colarme
de rondón en aquella atmósfera diversa,
atropellar al demiurgo invisible
que perversamente idealizaba al ser aquel,
al joven flotando de los lirios.

Pero un golpe de silencio puso lágrimas
en los ojos nuestros.

MARIANO ROLDAN

DE EROS Y DE BACO

I

Brindis con versos de Posidipo

Llena dos copas: una para Mantero, y otra
para Guillén; y luego para Rubén, y para
Juan Ramón, el abstemio. Sírvasele la quinta
a Cernuda; y la sexta bríndese en estos términos:
«A todo aquel que ame». De Cátulo, la séptima
ha de ser; de Lucano, la octava; la novena
de las Musas; la décima, de Mnemósine. (Y bebo
hasta el final la undécima por la mujer que quiero.)

II

El sueño

Canta un poeta antiguo que todo vino es bueno
en bebiendo de él mucho. Ya en tu bodega, amiga,
ve tu escanciando besos. Sabré tu mejor sueño.

III

Al vino

Puede el amor a veces, cuando rueda la noche,
y lucen las estrellas su luz alta, infinita,
ganarte, oh vino, en éxtasis.
          ...Pero tú das olvido.

A UN AGUACATE EN MACETA

¿Dónde el estambre, dónde los pistilos,
el pólen y el color de tus ausentes flores, aguacate,
pájaro exótico advenido a mi casa
con tus carnosas alas desplegadas
alrededor del libro, del jarrón y del cuadro,
extrañamente vivo en la maceta?
¿Cómo te aceptarán ahora tus hermanos del trópico
siendo tú gran traidor a sus lánguidas clorofilas silvestres,
a tus raíces suramericanas
o a tu nombre, sabroso como caña de azúcar,
por haber desoído
las secretas consignas de tu especie
y arraigar en exilio dorado y egoísta?

En un rincón te yergues hasta el techo,
vara de esplendor verde, ajeno al tráfago
doméstico,
atento a tu tozuda labor de viviente impertérrito,
reo de meteorológica paciencia contra altitud y estepa,
contra la mesetaria nevisca, año tras año,
desafiante no, perseverante, inaudito
como el rumor del tiempo en la fronda del bosque.

Agua te doy, y más quisiera darte.
Pan te daría, guerrillero,
y claro vino, a ti, que me has pagado
con tu sufrida, vegetal presencia,
con la alegría natural de tus esbeltos tallos,
el sacrílego acto de sembrar tu semilla en la maceta.
Y, si un día la nostalgia y el nubarrón del odio frío
a tu nada te vuelven, sea el hado
piadoso con tu hoja,
y su amarillo rinda el más puro homenaje a la belleza
[caída.

105

ANGEL
SANCHEZ PASCUAL

RAZONES DE CAMINOS

I

Cuánta razón contienen las raíces
que desdiciendo van toda apariencia!
Y aunque conocen bien la luz,
prefieren lo más desconocido:
el hondo crecimiento de la sombra.
Allí la lentitud se hace constancia,
haciéndose evidente
la vegetal presencia del silencio.
Y es que no está su fin a ras de tierra,
ni en la altura del cielo su principio.
Su principal arraigo es la razón
de la libre verdad que comparece
entre el limpio combate de la luz
y la fuerza brutal del crecimiento.
Por eso hay que creer que la resurrección
de una raíz, no representa sólo
el ritmo de la vida,
sino también la fiel contradicción
de lo invisible: aquélla que nos dice
que la simiente, para ser auténtica,
ha de atentar contra la muerte.

II

Cuando los hombres pasan, van pisando
el sol sobre la tierra,
y luego nadie sabe por qué queda
tan quemado el camino por la tarde.
Y es que el ardor del día pone en orden
tanto a las huellas como a las semillas,
nunca al final está siempre la siembra
tan bien contada como para hacerse
repartición de pan, sino de penas.
Por eso sale ese dolor del suelo
que nos indica cómo es bien distinto
nuestro propio destino a la distancia
que cruza en dirección de la verdad
más frágil: el olvido.
Y es que no es lo más cierto lo que está
más cerca, ni tampoco lo más lejos,
sino en lo más secreto: las vivencias.
Así se salvará esa servidumbre
que es el andar, que en vez de ser fugaz
simiente paso a paso, será viva
memoria que a lo largo del camino
nos marque, con su herida, el horizonte.

III

¿Cómo podrá la mar humedecer
con perfume de lilas a sus olas
si su dolor azul no se consuela
con nada?
¿Y cómo al mar calmarle,
si su cansancio sólo sabe a sal
celeste?
La salvación del mar está en el camino
ritual de su memoria.
En él se representan cómo sufren
las aguas cuando rompen
de pronto sus cadenas,

y al fin se desparraman,
igual que una derrota,
al último rumor
y al resto de su espuma por la arena.
En esa ceremonia sin reposo,
¿cómo pedirle al mar que no regrese
con sangre,
si él quiere conseguir que su camino
prosiga hasta perderse por el pueblo?
Por eso no se rinde.
Alguna vez consagrará una ruta
que llegue hasta el rincón del hombre más
sediento.
Y mientras no lo logre,
el mar no se perfuma,
ni tampoco enmudece.

IV

Era la amarga ruta de la vida,
y quien la prueba,
bien sabe que el sabor del crecimiento
nos rompe muy temprano.
¡Es tan triste saber que tras el rostro
está el rubor que un día
cualquiera se hará riego, y será ruta
del lloro! Nada hiere tanto al hombre
como ese surco
del que nunca se sabe
si llega o si regresa, sino sólo
que cae —y no hacia abajo—,
sino al vacío, que es desahucio y robo
de toda la inocencia.
Ya nunca la alegría será propia,
sino prestada a plazos,
o a pedazos,
porque entera y sin límites no sabe
dónde abrirá otra vez su almendra el sufrimiento.

RAFAEL
SANCHEZ SEGURA

IMPULSO

Me impulsa el armiño coronado
el báculo y el sable,
por los terribles libros de la Historia.
La demagogia azul de los ocasos.
La sangre por el hambre,
y el hambre por la sangre.
La incultura bajo el vuelo espacial.
El miedo insolidario.
La angustia del futuro.
El frío verde de la suciedad.
La intermitente mortaja de la paloma,
y la triste dulcificación del verso.

INOCENTES

Hay un coro de niños
que se sale del mundo con sus gritos,
y el infinito entra en sus pupilas.
¿Qué son tantas palabras?
Las buenas intenciones,
ocultan un banco y un misil.
Sus manos,
en esa horizontalidad de la limosna
es una acusación que nos señala.
Hay límites banderas y medallas,
pero el hambre se salta las fronteras.
El guetto tiene una bandera negra
y sueñan con pintarla de colores,
porque el cisne no cuenta en su futuro.
De vivos o de muertos,
los cementerios se confunden todos
y se rentabiliza la noticia.
Hay una espina gris en cada tecla,
y he manchado de sal este poema.
Gritar al mundo,
sólo será gritar;
pero vale la pena.

RAFAEL
SOLER

TERCERA EDAD

Cerrada nuestra casa
volvemos
a la vieja taberna, cuesta arriba,
tapiadas las venas más humildes,
con ellas al dolor,
a la costumbre, al cepo.
Temerosos del día, buscamos
cobijo en las peceras:
                    han robado el mar.
Todo es urgente desde ahora.

SOBREMESA

Inerme, te ponías al filo
del tablero, y la uña de junio
destilaba
su agonía frutal.
Callábamos. Un lento masticar,
de buey dormido,
abría nuestra edad
con la lluvia dulce de los gestos.

Ahora, qué nos queda:
desde tu borde al mío
el tedio esparce para nunca
su cuchara.

ACACIA
UCETA

BALADA GITANA

Llegaron los gitanos, savia arriba,
por los secos caminos retorcidos.
Cruzaron las fronteras
sobre un corcel de viento.
Las manos desarmadas
sólo llevaban flores;
los ojos, como hogueras,
sólo ardían de amor y de ternura.
Sin más bandera que la vida alzada,
cruzaron sobre el mapa los gitanos.
Un pueblo libre
del mundo hizo su patria
y derramó su plenitud, su fruto,
inundando la tierra igual que un canto.
¡Oh, qué invasión de luz y sangre erguida,
qué amanecer de cobre y llamarada
ha llegado a nosotros
desde el oscuro fondo de los siglos!
Vinieron las mujeres,
los niños, los ancianos,
confiados, alegres, rumorosos,
igual que un agua clara.
Iban
en familiares pétalos unidos,
hasta formar la rosa de la vida,
comunitaria y plena en su existencia.
Con sus pesos descalzos
fueron acariciando el duro suelo

sin que nadie entendiera su mensaje,
su sonrisa sin precio
frente a la adversidad y la fatiga.
Traían
ese desdén atávico, el desprecio
por apresar la tierra y su cosecha,
y un sabio caminar sin ataduras,
sin miedo de perder lo conocido,
con la esperanza puesta en el mañana.
Y sin embargo,
su férrea soledad no alzó un lamento
ante la incomprensión ni el desamparo.
Un mundo, indisoluble de su estirpe
caída o victoriosa,
cristaliza su orgullo, le da impulso
en un pecho de lava desbordada.
Como único tesoro
para cruzar el páramo,
llevan
la fuerza y la unidad de todo un pueblo,
disperso y enraizado en su aventura,
en su apopeya larga y silenciosa.
Desde su eterno caminar, conservan
un libro de verdades
vertido labio a labio, una experiencia
contada pulso a pulso,
amasada
con el dolor y el gozo,
y un arte natural en su misterio,
aprendido de estrellas y de olas,
de esa armonía vegetal y cósmica,
de esa forma gloriosa
de fundirse con todo lo creado.

Gitanos:
ninguna red de sombra,
ningún lazo de hierro, ha conseguido
detener vuestro vuelo,
porque sois el rocío y sois la brisa
inapresable siempre y fugitiva.
Apartados del yugo y la cadena,

de la terrible máquina opresora,
de la loca amenaza
del reloj y su prisa,
vosotros vais andando sin premura
y os bastan
el cobijo de un árbol y una fuente
para sentir el júbilo encendido.
Una esencia
prolongada en el tiempo,
un secular cultivo de pasiones,
enhebra la ilusión de cada instante
y la levanta a vuestra frente altiva.
¡Oh, gitanos del mundo,
yo os canto!
¡Vosotros sois la libertad sonora!

JOSE ANTONIO ZAMBRANO

HUMILDE POR NACER

Humilde por nacer
piedra de río,
me complazco y destino. Náufrago
y caracola,
íntimo del aliento busco
una misma sonrisa de otros ojos.
Oh noche ciega
que me pides rostro tras el cristal: por qué
desnudas de soledad
a lo que insiste. Puebla mi voz
una verdad de escarcha
que se desploma ávida de invierno.
Profunda convicción de la materia. Rezuma
el labio sequedad de encina
y a lo lejos, reptante,
definitiva identidad del sueño.

ESTE EXILIO DE MI

Este exilio de mí
me conmemora, hermano,
a la inocencia. Saberme inexplicado,
nácar mortal del cuerpo
y absorvente,
para emitir de imperios
tu alago proferido. Ah, cúpula
del brío y de tu huella,
excesivo de amor
hacia lo súbito,
voy paso y cascabel
donde renace el mar y los senderos. Mas
un verso me encela
y te descuida,
cálidamente inmóvil,
como fruta prohibida
y desatenta.

LA CORRIENTE QUE PASA

LA clara luna vio, en otras épocas,
que los hombres alzaban en sus copas
rojo vino a sus brillos argentados.
A otros hombres, después, con su tristeza,
con cántaros de lágrimas dolientes,
pasar sin contemplarla, como ciegos.
Los esforzados jóvenes pasaron,
atletas, danzarinas, amazonas,
en rítmico desfile: primavera.
Y la luna los vio con alegría.
Mas pasaron los bonzos, hombres puros
y reprimidas almas o sufrientes:
el rostro de la luna fue más pálido.
Pasaron los ejércitos, guerrillas,
rebeldes corazones con sus himnos:
enrojeció la luna y su aureola.
Los sacrificios fúnebres, el humo,
anunciaron el triunfo de la muerte:
entreveló la luna su gran ojo
para no ver el llanto de las madres.
Y van pasando ahora nuevos hombres
en pellizas de *nailon* casi verde,
con lianas y con selvas confundiéndose,
para sembrar *napalm* sin un suspiro.
¿Es la misma corriente de otros días?
¿Civilizado río victimario
que en el gran mar no acaba de sumirse?
Tú, clara luna, ¿amas? ¿tienes miedo?
¿Contemplas a los héroes vencidos,
a dulces animales huidores?
¿Impasible, tú aguardas ser violada
por el humano pie aventurero,
sin código celeste que te salve?
Tu blancura y silencio milenarios
¡ya nunca más intactos, luna clara!
Y la corriente pasa, siglo a siglo,
y seguirá pasando...

117

VIOLONCELLO SIN COMPAÑIA

(A Pau Casals)

EN esta soledad las soledades
se hacen una sola
y concordante música
que en el amor más alto nos reúne.

Las hondas vibraciones nos socavan
el corazón sensible
y el ápice del júbilo:
enamorados sones nos redoran.

Alegras, violoncello, las cenizas
de los recuerdos grises:
renovados otoños
primaveras engendran dulcemente.

¿Sin compañía, tú, que nos amigas?
La música que exhalas
es virgen aureola
que ilumina los dentros del espíritu.

NOTAS BIO-BIBLIOGRAFICAS

FRANCISCA AGUIRRE. Nace en Alicante en 1930. Autodidacta. Hija del pintor Lorenzo Aguirre, estrechamente vinculado al gobierno de la República, acompaña a su familia al exilio a Francia, del que regresan a España en 1940. Premios Leopoldo Panero y Ciudad de Irún.
BIBLIOGRAFIA: **Itaca; Los trescientos escalones; La otra música.**

ALBERTO ALVAREZ DE CIENFUEGOS TORRES. Nace en Granada en 1908. Cursó estudios de Medicina. Dirigio la revista poética **Aquelarre.** Miembro de la Real Academia de Bellas Artes de San Telmo. de Málaga. Ha obtenido muchos premios literarios.
BIBLIOGRAFIA: **Versos de ayer y de hoy; Tiempo para morir; Tiempo para vivir; El zagal en la ruta de Arizona; La ciudad muerta; La Venus sin rostro; Sangre de Manila; Agustina de Aragón; El Mariscal Rommel.**

NEL AMARO. Nace en Mieres (Asturias) en 1946. Ha sido crítico de arte y ha dirigido numerosas revistas y cuadernos poético-literarios. Ganador de varios premios.
BIBLIOGRAFIA: **Responsos laicos; Habitación de poeta; Boca arriba, lentamente naufragando.**

JOAQUIN ARNAIZ. Nace en Madrid en 1951. Licenciado en Ciencias de la Información, rama Periodismo, por la Universidad Complutense de Madrid. Cofundador de las revistas literarias **Taller** y **Las Afueras.** Trabajó en TVE y fue columnista del diario **El Imparcial.** En la actualidad es crítico literario del suplemento cultural «Disidencias» de **Diario 16.** Es también columnista de la revista literaria **Mandrágora** y Director Literario de una colección de narrativa de la Editorial Akal.
BIBLIOGRAFIA: **La renuncia y otros textos.**

ENRIQUE BADOSA. Nace en Barcelona en 1926. Licenciado en Filosofía y Letras. Director Literario de Plaza y Janés.
BIBLIOGRAFIA: **Más allá del viento; Tiempo de esperar, tiempo de esperanza; Baladas para la paz; Arte poética; En román paladino; Historias en Venecia; Poesía 1956-1971; Dad este escrito a las llamas; Primero hablemos de Júpiter (La poesía como medio de conocimiento); Razones para el lector; La libertad del escritor.**

TERESA BARBERO. Nace en Avila en 1934. Maestra Nacional, bibliotecaria y crítico literario. Ganadora del Premio Sésamo.

BIBLIOGRAFIA: **Muchacha en el exilio; Alrededor de la Mesa; Una manera de vivir; El último verano en el espejo; Gabriel Miró; Un tiempo irremediablemente falso.**

JOSE MARIA BERMEJO. Nace en Tornavacas (Cáceres) en 1947. Estudia Humanidades, Filosofía y Letras y Periodismo. Colabora en varias revistas literarias. Premios Ciudad de Badajoz, Juan Ramón Jiménez, Ateneo-Ciudad de Valladolid; accésit del premio Adonais.

BIBLIOGRAFIA: **Epidemia de nieve; Desolación del ansia; Soliloquio.**

ELADIO CABAÑERO. Nace en Tomelloso (Ciudad Real) en 1930. Trabaja en **Información Cultural.** Entre los premios de poesía que ha obtenido cabe señalar el Nacional de Literatura, un accésit al **Adonis** y el Pemio de la Crítica de 1971.

BIBLIOGRAFIA: **Poesía (1956-1970).**

MARIA DOLORES CAMARA MURIAS (MARIA DOLORES DE LA CAMARA). Nace en Andalucía en 1935. Dirige el **Cuaderno literario de colaboración «LOFORNIS».** Premio internacional de poesía de la revista **Silarus** (Italia).

BIBLIOGRAFIA **Humo; Unos pasos atrás; Nada importa; La despertó el amor; Estela; Voz herida; Recóndito latir; Poemas del recuerdo; Poemas imperfectos; Poemas a la tierra mía; El viento y las raíces.**

PUREZA CANELO. Nace en Moraleja (Cáceres) en 1946. Premios Adonais de Poesía, de Poesía Juan Ramón Jiménez del Instituto Nacional del Libro Español, de Cuentos Sara Navarro; becas March de Creación Literaria, de Ayuda a la Creación Literaria del Ministerio de Cultura.

BIBLIOGRAFIA: **Celda verde; Lugar Común; El barco de agua; Habitable (Primera Poética); Espacio de emoción; La encina dulce; Pureza Canelo por Clara Janés.**

JOSE LUIS CANO. Nace en Algeciras (Cádiz) en 1912. Licenciado en Filosofía y Letras por la Universidad de Madrid. Fundó y dirigió la colección de Poesía «Adonais» (de 1943 a 1960). Director de la revista **Insula,** a la que se haya vinculado desde su fundación en 1946.

BIBLIOGRAFIA: **Sonetos de la bahía; Voz de la muerte; Otoño en Málaga; Luz del tiempo; Poesía 1942-1962; Las generaciones poéticas de posguerra; Poesía española en tres tiempos; El escritor y su aventura; Heterodoxos y prerrománticos; Antonio Machado. Biografía ilustrada; Federico García Lorca. Biografía ilustrada; Vicente Aleixandre. Biografía y Antología;** etcétera.

CARMEN CONDE. Nace en Cartagena en 1907. Título de Magisterio y estudios de Filosofía y Letras. Fue profesora del Instituto de Estudios Europeos y colaboró en la **Revista de la Universidad Complutense.** En 1978 fue elegida por la Real Academia de la Lengua Española como Académica de Número de la misma. Es Honorary Fellow de la Society of Spanish and Spanish-American Studies. Ganadora de los Premios Elisenda de Montcada, Internacional de Poesía, Nacional de Poesía Española, Novela Ateneo de Sevilla, etc.

BIBLIOGRAFIA: **Brocal; Júbilos; Empezando la vida; Sostenido ensueño; Mientras los hombres mueren; El arcángel; Mío; Ansia de la gracia; Mi fin en el viento; Mujer sin edén; Sea la luz; Iluminada tierra; Vivientes de los siglos; Los monólogos de la hija; En un mundo de fugitivos; Derribado arcángel; Poemas del mar Menor; En la tierra de nadie; Su voz le doy a la noche; Jaguar puro inmarchito; Devorante arcilla; Enajedo mirar; Humanas escrituras; A este lado de la eternidad; Corrosión; Cita con la vida; Días por la tierra; El tiempo es un río lentísimo de fuego; La noche oscura del cuerpo; Obra poética; Desde nunca; Derramen su sangre las sombras; Vidas contra su espejo; Soplo que va y no vuelve; Cartas a Katherine Mansfield; Mi libro de El Escorial; En manos del silencio; Cobre; Las oscuras raíces; Acompañando a Francisca Sánchez; Un pueblo que lucha y canta; Al encuentro de Santa Teresa; La Rambla; Creció espesa la yerba; Soy la madre; Escritoras místicas españolas;** etc.

VICTOR CORCOBA HERRERO. Nace en Cuevas del Sil (León) en 1958. Profesor de EGB. Es incluido en antologías tanto en prosa como en verso y su firma aparece con asiduidad en periódicos y revistas. Es subdirector de las revistas **Gemma, Clarín, Acentor y Ayuda.**

BIBLIOGRAFIA: **Aromas; Alcotan-1; Corcobismos; Voces blancas; Brotes líricos; La campiña-3; De 1947 a 1982: Un primer paso del escritor Agustín García Alonso; Llamas líricas; Frutas silvestres.**

ENRIQUE DOMINGUEZ MILLAN. Nace en Cuenca en 1927. Periodista y Licenciado en Derecho. Maestro Nacional y crítico literario de Radio Nacional. Ha obtenido varios premios. Miembro numeraio de la Academia Conquense de Artes y Letras.

BIBLIOGRAFIA: **Nervio y entraña; Los ojos del Nazareno: El bachillerato radiofónico; Setenta años de poesía en Cuenca; Egipto, entre el ayer y el mañana.**

ANGELES GARCIA-MADRID. Nace en Madrid en 1918. Figura en variadas antologías.

BIBLIOGRAFIA: **Poemas desde la cárcel; Aguas revueltas; Réquiem por la Libertad; Al quiebro de mis espinas.**

JOSE GARCIA NIETO. Nace en Oviedo en 1914. Estudios de Matemáticas Superiores. Director de las revistas **Garcilaso, Acanto, Mundo Hispánico y Poesía Hispánica.** Académico de Número de la Real Academia Española. Académico de la Real de Bellas Letras y Ciencias Históricas de Toledo. Miembro numerario del Instituto de Estudios Madrileños. Premios Fiesta del Romance de Medina del Campo, Tomás Morales de las Islas Canarias, Hispanidad de Cádiz, Hispanidad de Buenos Aires, Portugal; Hucha de Plata de Cuentos, Hucha de Oro, Juegos Florales de Jerez de la Frontera, Nacional de Literatura Garcilaso, Fastenrath de la Real Academia Española, Nacional de Literatura, Ciudad de Barcelona, Francisco de Quevedo del Ayuntamiento de Madrid, Boscán, Angaro.

BIBIBLIOGRAFIA: **Víspera hacia ti; Poesía 1940-1943; Versos de un huésped de Luisa Esteban; Retablo del ángel, el hombre y la pastora; Tú y yo sobre la tierra; Toledo; Del campo y soledad; Daño y buen año del hombre, misterio de vendimia; Tregua; Sonetos para mi hija; La Red; El parque pequeño y Elegía en Covaleda; Geografía es amor; Corpus Christi y seis sonetos; Circunstancia de la muerte; La hora undécima; Memorias y compromisos; Hablando solo; Los tres poemas mayores; Facultad de volver (en Toledo); Taller de arte menor y cincuenta sonetos; Sonetos y revelaciones de Madrid; Súplicas por la paz del mundo y otros collages; Los cristales fingidos.**

RAMON DE GARCIASOL. Nace en Humanes de Mohernando (Guadalajara) en 1913. Licenciado en Derecho. Pertenece a la Hispanic Society of America. Premio Fastenrath de la Real Academia Española. Colaborador en numerosos diarios y revistas.

BIBLIOGRAFIA; **Defensa del hombre; Canciones; Palabras mayores; Tierras de España; Del amor de cada día; La madre; Sangre de par en par; Poemas de andar España; Fuente serena; Herido ver; Antagología provisional; Hombre de España; Cervantes; Apelación al tiempo; Los que viven por sus manos; Del amor y del camino; A mi son; Poemas Testamentarios; Atila; Libro de Tobías; Decido vivir; Mariuca; Una pregunta mal hecha, ¿qué es poesía?; Lección de Rubén Darío; Claves de España: Cervantes y el Quijote; Cervantes, biografía ilustrada; Quevedo; Las horas del amor y otras horas; Correo para la muerte;** etc.

ANGELINA GATELL. Nace en Barcelona en 1926. Co-fundadora de grupos literarios independientes y crítico literario en la revista **Poesía Española.** Directora del «Aula Abierta» de la Asociación Colegial de Escritores de España. Ha obtenido premios de poesía y cuento.

BIBLIOGRAFIA: **Poema del soldado; Esa oscura palabra; Las claudicaciones; Delmira Agustini y Alfonsina Storni, dos destinos trágicos; Neruda; Mis primeras lecturas poéticas; Mis primeros héroes; El hombre del acordeón.**

FELIX GRANDE. Nace en Mérida (Badajoz) en 1937. Director de **Cuadernos Hispanoamericanos.** Premios Nacional de Poesía, Adonais, Guipúzcoa, Casa de las Américas, Eugenio d'Ors, Gabriel Miró.

BIBLIOGRAFIA: **Las piedras; Música amenazada; Blanco spirituals; Puedo escribir los versos más tristes esta noche; Taranto;**

122

Homenaje a César Vallejo; Biografía; Años; En secreto; Las rubáiyátas de Horacio Martín; Por ejemplo, doscientas; Parábolas; Occidente; Ficciones; Yo; Apuntes sobre poesía española de posguerra; Mi música es para esta gente; Persecución; etc.

ANTONIO HERNANDEZ. Nace en Arcos de la Frontera en 1943. Estudios de Bachiller y Ciencias de la Educación. Asesor Técnico en el Ministerio de Cultura. Premios Rafael Morales. José María Lacalle, Centenario del Círculo de Bellas Artes, Leonor, Miguel Hernández, Vicente Aleixandre.

BIBLIOGRAFIA: **El mar es una tarde con campanas; Donde da la luz; La poética del 50 (una promoción desheredada); Homo loquens; Diezmo de madrugada; Con tres heridas yo;** etc.

RAMON HERNANDEZ. Nace en Madrid en 1935. Ingeniero Técnico. Estudios de Filosofía y Ciencias Políticas. Honorary Felow de la Society of Spanish and Spanish-American Studias. Catedrático Visitante en la University of Nebraska-Lincoln; Secretario General de la Asociación Colegial de Escritores de España y Vicepresidente de la Twentieth Century Spanish Association of America. Ganador del Premio Internacional de Novela Aguilas y del Premio Hispanoamericano Villa de Madrid; finalista de otros premios. Director de **República de las letras** y colaborador en otras revistas y periódicos.

BIBLIOGRAFIA: **Presentimiento de lobos; Palabras en el muro; El tirano inmóvil; La ira de la noche; Invitado a morir; Eterna memoria; Algo está ocurriendo aquí; Fábula de la ciudad; Pido la muerte al rey; Bajo palio; Los amantes del sol poniente.**

ENCARNACION HUERTA PALACIOS. Nace en Madrid. Hizo el bachillerato superior y realizó estudios comerciales. Colabora en diversas revistas.

BIBLIOGRAFIA: **Alerta del alma; Raíz de mi aliento.**

JOSE INFANTE. Nace en Málaga en 1949. Estudios sucesivos de Derecho (en Granada), Filosofía y Letras (en Granada y Madrid), Arte Dramático (en Madrid) y Ciencias de la Información (en Madrid). Diplomado en la Real Escuela Superior de Arte Dramático. En 1974 ingresó en Televisión Española. Obtuvo en 1980 una Beca Juan March de Creación Literaria. Ha recibido los Premios de Poesía Atalaya de Huelva y Adonais de Poesía. Colaborador en diversos periódicos y revistas.

BIBLIOGRAFIA: **Imágenes sucesivas; Uranio 2000. Poemas del Caos; Elegía y No; La uva duodécima; La nieve de su mano.**

MARIA ROSA JAEN. Nace en Madrid en 1949. Autodidacta. Obtuvo un premio de poesía de la A. H. E. en 1983. Mención de Honor del Taller Prometeo de Poesía Nueva. Es colaboradora de **República de las letras.**

BIBLIOGRAFIA: **Sortilegios.**

123

CLARA JANES. Nace en Barcelona en 1940. Licenciado en Filosofía y Letras. Maître es lettres en Literatura Comparada por la Sorbonne. Traductora. Premio de Ensayo Ciudad de Barcelona.

BIBLIOGRAFIA: **Las estrellas vencidas; Límite humano; En busca de Cordelia y Poemas rumanos; La noche de Abel Micheli, Desintegración; La vida callada de Federico Mompou; Antología personal; Libro de alienaciones; Eros; Vivir.**

LUZ MARIA JIMENEZ FARO. Nace en Madrid en 1937. Hizo estudios de Secretariado.

BIBLIOGRAFIA: **Por un cálido sendero** (en colaboración con Antonio Porpetta).

MANUEL LACARTA. Nace en Madrid. Licenciado en Filosofía y Letras; estudios superiores de música en el Conservatorio.

BIBLIOGRAFIA: **Reducto; Encarcelado en el silencio; Al sur del norte; Estar sin estancia; Cuentos de media página.**

ADELAIDA LAS SANTAS LOUREIRO. Nace en Villarejo de Salvanés (Madrid) en 1918. Es periodista. Dirige la colección de Poesía Aguacantos.

BIBLIOGRAFIA: **Destello; Versos con faldas; Poemas de Adelaida; Poetas de café.**

JACINTO LOPEZ GORGE. Nace en Alicante en 1925. Periodista y crítico literario. En Melilla fundó y dirigió la revista **Manantial** y la colección de libros «Mirto y Laurel» y en Tetuán (Marruecos) la revista bilingüe hispano-árabe **Ketama.** Ha sido Director del Aula de Literatura del Ateneo de Madrid y Vicesecretario de la Asociación Española de Críticos Literarios. Es Comendador de la Orden de Africa.

BIBLIOGRAFIA: **La soledad y el recuerdo; Signo de amor; Nuevos poemas de amor; Dios entre la niebla; Antología poética.**

ALFONSO LOPEZ GRADOLI. Nace en Valencia en 1943. Licenciado en Derecho, Premio Nacional de Poesía Universitaria «Tomás Morales»; Primer Premio de Cuentos Caja de Ahorros de León; etc.

BIBLIOGRAFIA; **Quizá Brigitte Bardot venga a tomar una copa esta noche; Poemas mediterráneos; Al Basit.**

JOSE LOPEZ MARTINEZ. Nace en Tomelloso (Ciudad Real) en 1931. Ejerce el periodismo y la crítica literaria en diarios de España y México. Es miembro de la junta rectora de la Fundación Cutural de Castilla-La Mancha. Ha obtenido premios de poesía y cuento.

BIBLIOGRAFIA: **En carne viva; La geografía literaria del Quijote; Lugares de la Mancha.**

LEOPOLDO DE LUIS. Nace en Córdoba en 1918. Pertenece a la llamada primera generación de posguerra. Se dio a conocer en las revistas **Garcilaso** y **España**. Premio Nacional de Literatura en 1979.

BIBLIOGRAFIA: **Alba del hijo; Huésped de un tiempo sombrío; Los imposibles pájaros, Los horizontes; Elegía en otoño; El árbol y otros poemas; El padre; El extraño; Teatro real; Juego limpio; La luz a nuestro lado; Poesía 1946-1968; Con los cinco sentidos; Antología de la poesía social española contemporánea; Poemas amorosos de Miguel Hernández; Antología de la poesía religiosa española contemporánea; Biografía de Vicente Aleixandre; Antonio Machado, ejemplo y lección; La poesía aprendida; Vida y obra de Vicente Aleixandre,** etcétera.

MARIO ANGEL MARRODAN. Nace en Portugalete (Vizcaya) en 1932. Licenciado en Derecho. Premios Villa de Bilbao, Basterra, Vocablos; mención honorífica Amantes de Teruel.
BIBLIOGRAFIA: **Cronista del presente; Onagro: luz de la imagen; Guía lírica de Vizcaya; La escultura vasca.**

SALUSTIANO MASO. Nace en Alcalá de Henares en 1923. Accésit del Premio Adonis 1956 y 1960. Premios Guipúzcoa, Eduardo Alonso, Ciudad de Palma y Amantes de Teruel, Villa de Portugalete, etc.
BIBLIOGRAFIA: **Contemplación y aventura; Historia de un tiempo futuro; Jaque mate; La pared; Canto para la muerte; Como un hombre de tantos; La música y el recuerdo; Piedra de escándalo; Coro concertado; La bramadera; Pentagrama sin pájaros; El clave mal temperado; Ejercicios de contrapunto; Una vasta elegía; Trilogía del destierro; Amor y viceversa.**

JUAN MOLLA. Nace en Valencia en 1928. Es abogado. Licenciado y Doctor en Derecho por la Universidad Complutense de Madrid, Premios Teodoro Cuesta, Novela Corta y Plaza Janés. Miembro de la Junta Directiva y Asesor Legal de la Asociación Colegial de Escritores de España; miembro de la Comisión Interministerial que elabora la Ley de Propiedad Intelectual.
BIBLIOGRAFIA: **Pie del silencio; Canto al Cares; País de la lluvia; Milenios; Memoria de papeles amarillos; Sombra, medida de la luz; La caracola herida; Segunda compañía; Selecciones de Lengua Española; El solar; Fuera del juego; Cuarenta vueltas al sol; Sueño de sombra** (en colaboración con Víctor Alperi); **Agua india** (en colaboración con Víctor Alperi); **Cristo habló en la montaña** (en colaboración con Víctor Alperi).

CARLOS MURCIANO. Nace Arcos de la Frontera en 1931. Es Intendente Mercantil. Cofundador de la revista poética **Alcaraván.** Traductor de varios poetas anglosajones y miembro de numerosas academias de Artes y Letras. Premios Nacional de Literatura, Ciudad de Barcelona, Ausias March, Boscán, Ciudad de Palma, Ciudad de Zamora, Guatemala, El Ciervo, Andalucía, Sésamo, Gabriel Miró, Doncel, Ciudad de Badalona, etc. Colabora en numerosas revistas de poesía.
BIBLIOGRAFIA: **El alma repartida; Viento en la carne; Poemas tristes a Madia; Angeles de siempre; Cuando da el corazón**

la media noche; Tiempo de ceniza; Desde la carne al alma; Un día más o menos; La noche que no se duerme; Estas cartas que escribo; Los años y las sombras; Libro de epitafios; El mar; Brevario; Veinticinco sonetos; Este claro silencio; Clave; El revés del espejo; Antología 1950-1972; Dos dedos de la mano; Yerba y olvido; La noche santa; Las sombras en la poesía de Pedro Salinas; Una monja poeta del XVI; La R. M. María de la Antigua; Hacia una revisión de Campoamor; 25 poemas de la hermana Madeleva; Hervás y Panduro y los mundos habitados; La calle Nueva; La aguja; Algo flota sobre el mundo; Cartas a Tobby; La escalera; Arcos de la Frontera; Triste canta el búho; Del tiempo y soledad; etc.

JOSE RAMON NAVARRO CARBALLO. Nace en Santa Cruz de Tenerife en 1942. Doctor en Medicina. Jefe del Servicio de Cuidados Intensivos del Hospital Militar Gómez Ulla y Profesor de Patología Médica de la Universidad Complutense de Madrid.

BIBLIOGRAFIA: Ha publicado su obra en diversas revistas desde hace veinte años.

MELIANO PERAILE. Nace en Villanueva de la Jara en 1922. Fue Profesor. Vocal de Publicaciones de la Asociación Colegial de Escritores de España. Premios La Hora, Familia Española, Ignacio Aldecoa; accésit Premio Sésamo.

BIBLIOGRAFIA: **Tiempo probable; La función; Las agonías; Cuentos clandestinos; Insula Ibérica; Matrícula libre.**

ANTONIO PORPETTA. Nace en Elda (Alicante) en 1946. Licenciado en Derecho; Diplomado en Genealogía, Heráldica y Nobiliaria.

BIBLIOGRAFIA: **Por un cálido sendero.**

FERNANDO QUIÑONES. Nace en Chiclana de la Frontera (Cádiz) en 1934. Premio Leopoldo Panero de poesía.

BIBLIOGRAFIA: **Tres piezas de horror; Cinco historias del vino; La gran temporada; La guerra, el mar y otros excesos; Historias de la Argentina; Sexteto de amor ibérico; Nuevos rumbos de la poesía española; El flamenco, vida y muerte; Ascanio o Libro de las Flores; Cercanía de la gracia; Retratos violentos; En vida; Las crónicas de mar y tierra; Circunstancias acordes; Las crónicas de Al-Andalus; Las crónicas americanas; Epigramas locales; Ben Jaqan; Memorándum; etc.**

CANDELAS RANZ HORMAZABAL. Nace en Jadraque (Guadalajara) en 1950. Edita y dirige la revista **La valderia.** Es miembro del Grupo Cultural «La Marcilla» y de la Asociación Cultural «Silakabide».

BIBLIOGRAFIA: **Al principio del camino; Amor incompleto; Doradas espigas; Anduriña-1; Como la luz de la aurora; De verso en verso, de flor en flor; Efluvios líricos; Cancionero, letras de canciones; Pequeñas biografías de grandes personajes;**

126

Desde mi butaca; Pétalos de mis rosas; La campiña-2; ¿Conoce usted a...?; La esencia del mar; Mis poemas; Les presento a...; Mi ídolo roto; Albeggia (Amanece); Evocación; Amor incompleto; La poesía leonesa actual.

LUIS RIAZA GARNACHO. Nace en Madrid en 1925. Funcionario público. Premios Guipúzcoa de Poesía, Vizcaya. Alcalá de Henares.

BIBLIOGRAFIA: **Como la araña, como la anaconda; Libro de cuentos; Libro de los anillos infernales o de las metamorfosis léidicas; Retrato de dama con perrito.**

CARLOS DE LA RICA. Nace en Pravia (Asturias) en 1930. Sacerdote. Fundador y colaborador de revistas de poesía y colecciones como «La piedra que habla» y «El Toro de Barro».

BIBLIOGRAFIA: **El mar; La casa; Los duendes; Edipo el Rey; Veinte poemas experimentales; Poemas junto a un pueblo; Canciones y otros poemas; La salvación del hombre; La razón de Antígona; Tres raptos de Europa; Los dioses de Rosas; Yo vivo en mis ciudades; Vanguardia en los años cincuenta.**

MARIANO ROLDAN. Nace en Rute (Córdoba) en 1932. Participó en los grupos poéticos cordobeses más avanzados; fundó y dirigió la revista **Alfoz.** Premio Adonais.

BIBLIOGRAFIA: **Hombre nuevo; Uno que pasaba; La realidad; Poemas para un amor; La ley del cauto; Poesía hispánica del toro.**

ANGEL SANCHEZ PASCUAL. Nace en Navalmoral de la Mata (Cáceres) en 1946. Catedrático de Lengua y Literatura de Bachillerato. Premios Adonais, Talavera de la Reina, Nacional de Poesía Universitaria «Aula Hermanos Machado», Santa María de la Almudena, Hispanidad.

BIBLIOGRAFIA: **Sonetos de Amor; Ceremonia de la inocencia; Almendra de preguntas; La altura de lo sátiro; Pedro Garfias, vida y obra; José Manyanet.**

RAFAEL SANCHEZ SEGURA. Nace en Almería en 1926. Fue obrero y emigrante en Francia.

BIBLIOGRAFIA: **Guijarros del camino; Sueños de doma y Cuneta; Poesía de obreros autodidactas.**

RAFAEL SOLER. Nace en Valencia en 1947. Sociólogo, Ingeniero Técnico. Premios Cáceres, Ambito Literario, Ateneo de La Laguna; accésit de los premios Emilio Hurtado y Juan Ramón Jiménez.

BIBLIOGRAFIA: **El sueño de Torba; El corazón del lobo; El grito; El mirador; Cuentos de ahora mismo; Los sitios interiores.**

ACACIA UCETA. Nace en Madrid en 1929. Bachillerato y estudios de Dibujo y Pintura. Diplomada en Historia y Arte de Hispanoamérica. Colabora en programas literarios de RTV. Premios poéticos Luisa Soriano, Contraluz, Fray Luis de León, Ciudad de Cuenca, Amigos de la Poesía de Valencia.

BIBLIOGRAFIA: **El corro de las horas; Quince años; Frente a un muro de cal abrasadora; Una hormiga tan sólo; Detrás de cada noche; Al sur de las estrellas.**

JOSE ANTONIO ZAMBRANO. Nace en 1946. Hizo estudios de Magisterio, Arte y Decoración y Psicología. Ha colaborado en **Jugar con fuego, Nuevo alor, Seis y siete, Retazos, Melquiades** y **Et Cetera.**

BIBLIOGRAFIA: **Al lado mismo de nosotros.**

CONCHA ZARDOYA. Española, nacida en Valparaíso (Chile), en 1914. Licenciada en Filosofía y Letras y Doctora en Filosofía. Enseñó Literatura española en los Estados Unidos desde 1948 a 1977 (en las Universidades de Tulane, California, Yale, Indiana, Columbia y Massachusetts). Accésit del Premio Adonais; Premios Boscán y Fémina.

BIBLIOGRAFIA: **Pájaros del Nuevo Mundo; Dominio del llanto; La hermosura sencilla; Los signos; El desterrado ensueño; Mirar al cielo es tu condena; Homenaje a Miguel Angel; La casa deshabitada; Debajo de la luz; Elegías; Corral de vivos y muertos; Donde el tiempo resbala; Romancero de Bélgica; Hondo Sur; Los engaños de Tremont; Las hiedras del tiempo; El corazón y la sombra.** (Además, ha escrito volúmenes de cuentos y de crítica literaria.)

CONTENIDO

130